曲家琰◎著

做一个会说话会交际的聪明女人

北方联合出版传媒（集团）股份有限公司
万卷出版公司

图书在版编目（CIP）数据

做一个会说话 会交际的聪明女人 / 曲家琰著 . -- 沈阳 : 万卷出版公司 , 2021.11
ISBN 978-7-5470-5716-2

Ⅰ . ①做… Ⅱ . ①曲… Ⅲ . ①口才学-女性读物 ②心理交往-女性读物 Ⅳ . ① H019-49 ② C912.3-49

中国版本图书馆 CIP 数据核字 (2021) 第 171215 号

出 品 人：王维良
出版发行：北方联合出版传媒（集团）股份有限公司
万卷出版公司
（地址：沈阳市和平区十一纬路 25 号　邮编：110003）
印 刷 者：永清县晔盛亚胶印有限公司
经 销 者：全国新书华店
幅面尺寸：145mm × 210mm
字　　数：120 千字
印　　张：7
出版时间：2021 年 11 月第 1 版
印刷时间：2021 年 11 月第 1 次印刷
责任编辑：范　娇
责任校对：张兰华
ISBN 978-7-5470-5716-2
定　　价：38.00 元
联系电话：024-23284442

前言

俗话说：人好一张嘴，马好一条腿。在当今社会，人与人之间的沟通和交流越来越广泛，如果你拥有好的口才，你将会游刃有余，左右逢源。

一个会说话、会交际的聪明女人，每说一句话都能使人如沐春风，温暖无比。当我们与会说话的女人交流时，就会觉得那是一种享受。在交流的过程中，我们能透过语言感受到她们的睿智，沟通中往往能碰撞出思想的火花。而良好的口才也可以作为一个人精神气质的标志，这样的女人更容易给人留下深刻的印象，更为以后的继续沟通和交流做好有力的保障。

会说话的女人用智慧交谈，不会说话的女人用嘴交流。会说话的女人，使人如沐春风；不会说话的女人，令人如坐针毡。会说话、会交际的聪明女人，必然是现代社会中的活跃人物。这样的女人能适时送出赞美，让人听了如沐春风；

这样的女人能让批评变得悦耳；这样的女人懂得什么时候该温柔婉转，什么时候该仗义执言；这样的女人面对不同的人，会采取不同的语言策略；这样的女人能适时转变话题，以免气氛冷场；这样的女人不仅会说，更会倾听。所以，如果你拥有良好的口才，不仅能够使你在职场上游刃有余，在商场上左右逢源，更能助你在推销中口吐莲花、博得信任，在谈判中永占先机、获得双赢。

“送你一件美丽的武器，让你的生活悄然碧绿。”假如你要寻找为人处世的捷径，本书将给你提供一个简单易行的蓝本；假如你要寻找一份事业功成的喜悦，本书同样为你提供有价值的参考；假如你要寻找浪漫四溢的生活，它也能让你尽遂心愿。

本书从实用的角度出发，精心挑选了说话的技巧和交际秘诀，睿智的话语，犀利的观点，全新的理念，融理论指导性与实际可操作性于一炉，语言精妙，文字洗练，告诉大家如何修炼说话能力，如何提高交际水平，如何在实际生活中打动人心，如何让领导看重你，如何让朋友喜欢你，如何让下属追随你，如何让客户信任你，如何让异性接纳你，等等，包括生活的各个方面，以便给你深刻的启迪和最有效的帮助。

最后，我们想告诉你：做一个会说话、会交际的聪明女人，你就会让人尊敬、受人爱戴。请可敬可爱的女人们翻开这本书，给周而复始繁忙的生活加点营养，给千篇一律的枯燥的日子放点调料吧！

目录

第一章　会说话的女人，一开口就讨人喜欢

第二章　学会赞美，把话说到对方的心坎里

第三章　巧妙说服，有说服力的女人气场足

第四章　风趣幽默，让女人魅力四射

第五章　提高情商，会交际的女人没烦恼

第六章　经营人脉，女人要有自己的交际圈

第七章　谨慎选择，择优而取结交真朋友

第八章　以柔克刚，发挥女人自身的独特优势

第九章　播种人情，谙熟求人办事的潜规则

第十章　恰当得体，言行谨慎办事顺

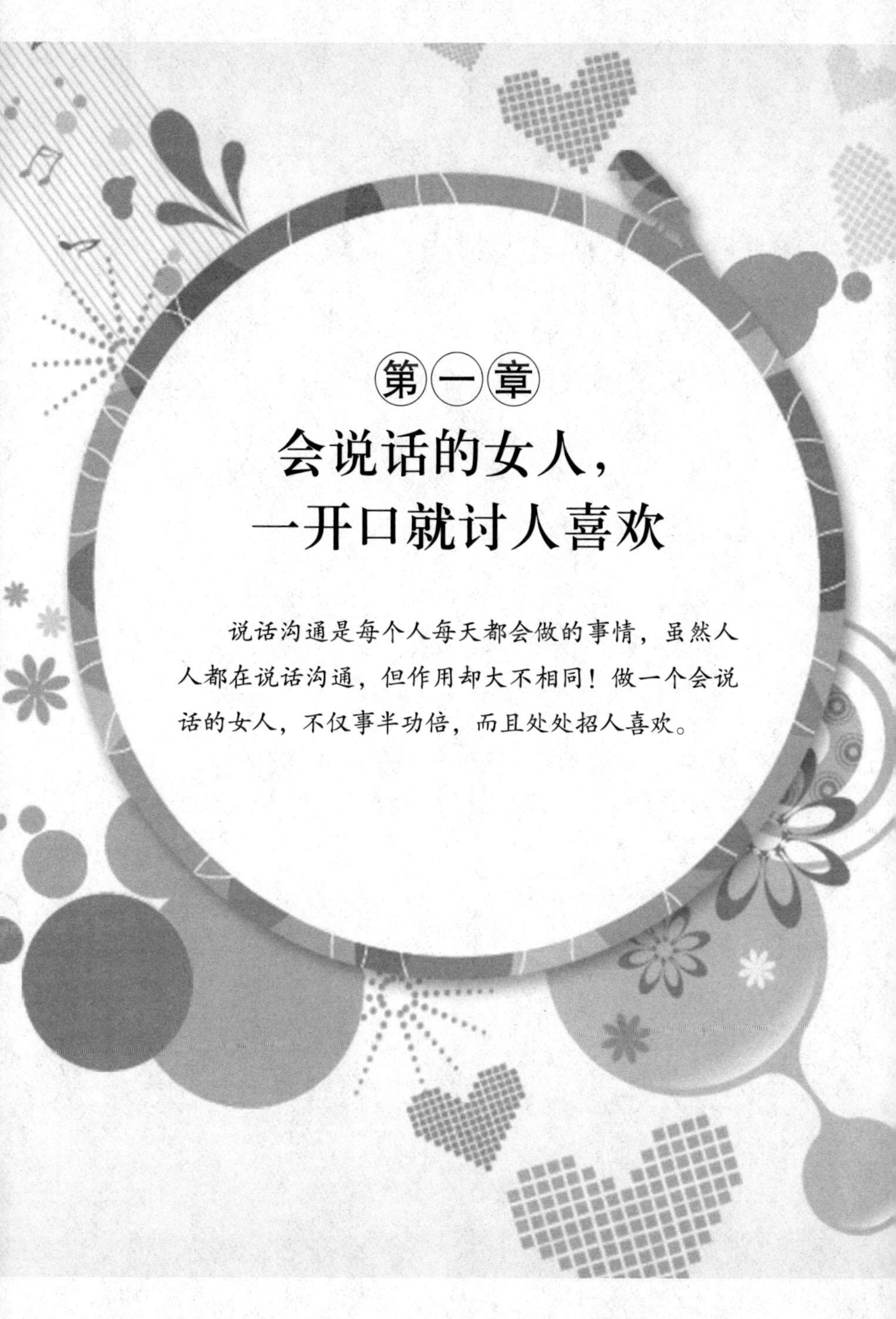

第一章

会说话的女人，一开口就讨人喜欢

说话沟通是每个人每天都会做的事情，虽然人人都在说话沟通，但作用却大不相同！做一个会说话的女人，不仅事半功倍，而且处处招人喜欢。

1. 会聊天的女人更有魅力

要想成为一个有魅力的女人，首先就必须锻炼自己聊天的能力。人际交往中，女人不善于聊天，那实在是一个相当尴尬的局面。找到恰当的聊天话题是打破这一尴尬局面最好的前提。

假如你在码头上碰见一个熟人，大家一起上船，一时没有话说，这时最方便的办法，就是从当前的事物，那就是双方都同时看到、听到或感到的事物中，找出几件来谈。在码头上，在船上，耳目所及，正有成百上千的事物，如果你稍微留意，不难找出一些对方可能感兴趣的话题，也许是码头上面的巨幅广告，也许是同船的外国游客，也许是海上驶过的豪华游艇，也许是天空飞过的新型客机……甚至于在对方的身上，都可以找到谈话的题材。如果他打的领带很漂亮，你可以问他在什么地方买的；如果他身上穿着“金利来”衬衫，你可以问他这种衬衫究竟好不好，和广告上的宣传是否相符；如果他手上拿着一份晚报，看到晚报上的头条新闻，你可以问他对当前时局的看法；等等，不一而足。

如果你到了一位朋友家里，在客厅里看到孩子的照片，你就可以和他谈谈他的孩子；如果他买了一架新的钢琴，你就可以和他谈谈钢琴；如果他的窗台上摆着一个盆景，你就可以跟他谈谈盆景；如果他正患着牙痛，你就可以跟他谈谈牙和牙医，关怀对方的健康……这些往往都是亲切交谈的话题。

这类眼前的事物，最容易引起人们的注意，只要其中有一样碰巧对方很有兴趣，那么，谈话就可以顺利展开了。

当我们的聊天中断的时候，怎样寻找新的话题呢？

在这种时候，不要心急，也不要勉强去找，否则会引起不必要的紧张，反而什么也想不出来了。要知道我们的脑子，只要是我们醒着，它总是在活动着的。你没有要它想，它还是不停地想，由东想到西，或者由天想到地……这种作用，我们叫作“自由联想”。

譬如说，当我们看到书桌上摆着一盏灯，我们的脑子就会从“电灯”出发，很快地联想到许多别的东西。

也许我们从“电灯”联想到“发明”，从“发明”联想到“电影”，然后是“演员”——“历史”。

这一切，都是在瞬间发生的，也许只是半分钟内的事。

如果我们继续探究就可以发现，因为我们看见一盏电灯，就联想到它是爱迪生发明的，又由爱迪生想到我们看过的电影《爱迪生传》，又由《爱迪生传》想到科学影片，又由影片说到电影明星……在刹那之间，已经有了不少交谈的题材，让我们选择。

当然，话题有时引不起对方的兴趣，但是只要我们不心急、不紧张，让我们的头脑在静默中自由地去联想，再过一会儿，我们就可能想到别的话题。

但是，由于害羞或心里有顾虑而畏首畏尾，生活中有许多女性不敢开口说话，以至于很难通过交谈把自己的意思表达给他人。这里，我们就专门讲讲几种不敢说话时的开口方法和技巧。

（1）以礼开口

作为现代人，我们必须与他人建立和睦友好的人际关系，彼此互敬互爱，共同为社会发展尽力。这一切的存在都依赖于一个先决条件——诚恳的态度、端庄的举止。

人的态度和举止在人与人的交际中占有十分重要的地位。如果一个人举止粗野、蓬头垢面，即使学问满腹，也会使人“敬而远之”；相反，如果一个人态度诚恳、举止文雅，给别人的第一印象温文儒雅、落落大方，那么即使他不开口说话，人们也乐意与之相处。可见，只有在高明的说话技巧和高雅的行为举止相得益彰时，才能使彼此达到理想的交流。

在日常生活中，我们常常要求别人守秩序、有礼貌，对自己却不能严格要求，这是十分有害的。人类社会是一个互为服务的群体组织，我们怎样对待他人，他人也会怎样回报我们。因此，我们处处以礼待人，诚诚恳恳，那么我们在交谈中也就容易开口了。

（2）用眼开口

众所周知，眼睛是心灵的窗口。其实，眼睛还是人们心灵表达的重要工具。通过眼神，我们可以看出一个人的思想动态。借着眼波，我们可以交换彼此的感觉与意识，可以传送感情。

“言有尽而意无穷”“只能意会，不能言传”，放在说话技巧上都恰到好处地说明了眼睛无法取代的作用。因为有时言语无法完全表达清楚我们的心思与用意，这就需要借彼此眼波交流来达到心灵间的沟通。如果我们要拒绝他人或者责备他人，或是不便于用言语来表达某种思想，不妨试试使用这种以眼代言的方法，也许能够达到较理想的目的和效果。

在我们的日常交谈中，人们多半只注重说话的技巧，却常常忽略了面部的表情，尤其是把握不了视线的高度，以至于发生一些有失礼仪的事情，造成许多不必要的误会。

既然眼睛是人类心灵的窗口，那么我们的一切言谈，不论是询问、请求，还是劝诫、说服，都可以从眼神及表情上表露出来。这里要注意一点，人的视线应该是随着说话的语气而高低有异。比如，若是有求他人或是答谢他人之恩，我们的视线应由下往上注视，因为当自己以一种祈望的眼神向对方求助、感谢时，就自然抬高了对方的地位，这样才能得到对方的同情与回敬。

有时，我们会见到另一种情况：当下属犯了某种错误，上司会目光如炬，眼睛炯然有神地盯着下属，不假思索地说出一些有分量的话来责备部下。由此可见，凝视对方的眼睛，可以使对方难以开口，而使自己更能大大方方地把话滔滔地说出来。这足以证明，眼睛的充分利用对增添人说话的信心有很大的作用。

（3）委婉开口

在一个盛大的宴会上，A女士看到一个熟悉的B女士穿了一件紧身的新装，与她的胖身材很不相称，就马上对她说：“说实话，你的这件衣服虽然很漂亮，但穿在你身上就像给桶包上了艳丽的布，因为你太胖了。”

B女士生气地走开了，从此再也没有理过A女士。

其实A女士就是典型的说话直言直语且尖酸刻薄。她的心地并不坏，也有相当好的观察、分析能力。问题是她说话太直了，不加修饰，于是直接影响了她的人际关系。

所以，在生活中直言直语、尖酸刻薄是一把伤人又伤己的双面刃，而不是披荆斩棘的“开山刀”。为了使你的交际生活不至于四面树敌，最好还是少直言指责他人处世的不当，或去纠正他人性格上的弱点，这不是“爱之深，责之切”，而是和他过不去，况且你的直言直语也不会产生多少效用。因为每个人都有一个内心堡垒，“自我”便缩藏在里面，你的直言直语恰好把他的堡垒攻破，把他从堡垒中揪出来，他当然会不高兴了！因此，能不讲就不要讲，要讲就迂回地讲，点到为止地讲，他如果不听，那是他的事！

每个人都有自己独特的性情、独特的兴趣和不同的生活态度，在相互交际中不可避免地会产生观念上的冲突。如果我们能在不否定他人见解的前提下得体地表达自己的意思，那么就会达到交际上的成功，可见委婉开口是一个很有用的说话方式。

当对方表达了他的观点而我们无法苟同时，我们不妨先肯定和赞许他的观点，然后以谦虚的口气说一下自己的进一步建议，这样就很容易为对方所理解和接受。对我们来说，这样做不但表现了自己的风度，而且坚持了自己的立场，何乐而不为呢？

2. 女人，要做一个听话能手

世界上，有两种力量非常伟大：一是倾听，二是微笑。

在谈话的过程中，如果能耐心地倾听对方说话，这就等于向对方表示了你的兴趣，等于说是告诉对方“你说的东西很有价值”，或“你很值得我结交”。无形中你让说者的自尊得到了满足，使他感到了自己说话的价值。反过来，说者对听者的感情就会产生一个飞跃，“他能理解我”，“他真是我的知己啊”，于是，二人心灵的距离缩短了，交流使两个人成了好朋友。

那么，女人如何做一个听话能手，在交际场合中大展魅力呢？

首先，要认识到认真听是最重要的。认真而仔细地倾听对方谈话，是尊重对方的前提，有了前提才会有真诚的交流。接下来，友好而热情地对待对方并且不时给对方以鼓励，也是尊重对方的重要内容。

“倾听，你倾听得越久，对方就会越接近你。据我观察，有些业务人员喋喋不休。上帝为何给我们两个耳朵一张嘴？我想，意思就是让我们多听少说！”凯丽娜·吉拉德对这一点的感触很深，因为她从她的客户那里学到了这一道理。

凯丽娜花了近半个小时才让一个客户下定决心买车，而后，凯丽娜所需要做的只不过是让他走进凯丽娜的办公室，签下一纸合约。

当两个人向她的办公室走去时，那人开始向她提起他的儿子，因为他儿子就要考进一个有名的大学了。他十分自豪地说：“凯丽娜，我儿子要当医生。”

“那太棒了。”凯丽娜说。当他们继续往前走时，凯丽娜却看着其他的人。

“凯丽娜，我的孩子很聪明吧，”他继续说，“在他还是婴儿时我就发现他相当聪明。”

“成绩非常不错吧？”凯丽娜说，仍然望着别处。

“在他们班是最棒的。”客户又说。

“那他高中毕业后打算做什么？”凯丽娜问道。

“我告诉过你的，凯丽娜，他要到大学学医。”

“那太好了。”凯丽娜说。

突然，那人看着她，意识到凯丽娜太忽视他所讲的话了。“嗯，好，”他说了一句，“我该走了。”就这样他走了。

第二天上午，凯丽娜给那人的办公室打电话说：“我是凯丽娜·吉拉德，我希望您能来一趟，我想我有一辆好车可以卖给您。”

“哦，伟大的业务员小姐，”他说，“我想让你知道的是我已经从别人那里买了车。”

“是吗？”凯丽娜说。

“是的，我从那个欣赏、赞赏我的人那里买的。当我提起我对我的儿子吉米有多骄傲时，他是那么认真地听。”

随后他沉默了一会儿，又说：“凯丽娜，你并没有听我说话，对你来说，我儿子吉米成不成为医生并不重要。好，现在让我告诉你，你这个笨蛋，当别人跟你讲他的喜恶时，你得听着，而且必须全神贯注地听。”

顿时，凯丽娜明白了她当时所做的事情，此时才意识到自己犯了个多么大的错误。

“先生，如果那就是您没从我这儿买车的原因，”凯丽娜说，“那确实是个不错的理由。如果换我，我也不会从那些不认真听我说话的人那儿买东西。那么，十分对不起。然而，现在我希望您能知道我是怎样想的。”

“你怎么想？”

“我认为您很伟大。我觉得您送儿子上大学是十分明智的。我敢打赌您儿子一定会成为世上最出色的医生。我很抱歉让您觉得我无用，但是您能给我一个赎罪的机会吗？”

“什么机会？”

“如果有一天您能再来，我一定会向您证明我是一个忠实的听众，我会很乐意那么做。当然，经过昨天的事，您不再来也是无可厚非的。”

三年后，他又来了，凯丽娜卖给他一辆车。他不仅买了一辆车，而且也介绍了他许多的同事来买车。后来，凯丽娜还卖了一辆车给他的儿子——吉米医生。

看来做一个谦虚忍耐的听者，是谈话艺术当中一项相当重要的条件。因为能静坐聆听别人意见的人，必定是一个富于思想和具有谦虚柔和性格的人。这种人在人群之中，起初也许不大受注意，但最后则是最受人尊敬的。因为他虚心，所以，为任何人所喜悦；因为他善于思维，所以，成为众人所信仰。那么，怎样做一个良好的听者呢？最重要的是要真诚。别人和你谈话的时候，你的眼睛要注视着他，无论对你说话的人地位比你高或低，眼睛注视着他是一件必要的事情。只有虚浮、缺乏勇气或态度傲慢的人才不去正视别人。别人对你说话时，不可做着一些绝无必要的小动作，使对方认为他的话无关紧要。

愿意倾听别人，就等于表示自己愿意接纳别人、承认和重视别人。如果你能面带微笑，用一种专注而又迫切的眼光看着他，那会让人感觉你是欣赏他的。在这种氛围里，对方会充分地展现自己。如果一个人总善于让别人在你面前有一种强烈的表现欲，那你定能主动、积极地做个好朋友、好领导。如果一个职员向你这个经理提建议，即使开始还有点紧张，但你的倾听会使他马上感到放松和自信。倾听是一种无言的信任。

注重倾听的人总是善于理解和沟通的。当一个为成功而喜悦的人面对一个微笑着倾听的朋友时，他会感到这位朋友是理解他的，也是为他而高兴的。当一个因失恋而愁眉苦脸的人面对一个表情凝重而专注倾听的朋友时，她会感到自己的痛苦朋友能理解，虽然朋友没能提出如何重获爱情的好建议，但她已感到自己得到了一点儿心理安慰。倾听是一种愿意和朋友分担喜悦或忧愁的表示。

注重倾听的人肯定是其他人成功或失败时首先寻找的对象，他们有话会对你说，有苦会向你诉，他们毫不顾忌地向你敞开心扉。通用公司的全体员工平均每人一年要提出10个左右的建议，可以肯定公司的经理们个个都是善于倾听的。

每个人要做到善于倾听还得注意一些技巧。首先，要流露出专注的表情，眼光当然不能东张西望，身体要朝着说话者略微前倾，手头的东西肯定是要放下来，如果不是什么忧伤之事，面带微笑是最好不过了。另外，在倾听过程中不能随意打断对方，要让对方把话说清、说完整。如果能在对方说的过程中不时地随内容的变化而相应有感情地“啊，嗯，喃”几声，感觉会和谐许多。如果你是经理、领导，难免会有人来访或电话干扰，这时你得很抱歉地先说声：“不好意思，稍等一下。”当然中断要尽量少。

此外，在倾听过程中能把重要的东西简单地复述一下，效果会更好。如果对方在描绘他的成功时说道：“我花了整整18个小时才把这篇文章写好”，你能很惊讶地重复一句“18个小时”，不但不会让人感觉有打断之感，反而让人感到你完全体会到了他的艰辛。必要的复述是表示对重要内容的关注和理解。最后如果能较为简洁地把整个内容复述一下，让人感到你完全领会了整个意思，会把气氛推到高潮。

3. 多动你的脑子，少用你的嘴巴

一天，妻子和丈夫吵架，丈夫一气之下离家出走了，接连三天没有回家。妻子连忙到报社要登寻人启事。启事的内容如下：

×××，身高1.75米，五官端正，目光深邃，眉毛浓黑，脸的轮廓棱角分明，看上去风度翩翩。出走时上穿蓝色衬衣，下穿黑色长裤，棕色皮鞋。请你见到广告后速回来，你的家人非常想念你。

报社的工作人员看了后笑着说：“你的丈夫很英俊啊……不过这些话太空泛了，他还有什么其他鲜明一点儿的特色吗？”

“有！他是一个秃子！”

“你怎么不早说呢？这才是重点呢！”

“你千万不要写上去！就是因为我说他是秃顶，他才生气离开家的！”妻子不好意思地低下头说，“这也是我为什么要在寻人启事里说这么多好话的原因……”

这本来只是一个生活中的笑话，但可以让每个女人更清醒地意识到，随意揭人短处甚至人身攻击是一件可恶、可怕、可悲的事情。

在公共汽车，有两位女士不知为什么发生了龃龉。年轻的是一个相貌平平、打扮时髦的女孩，年长的是一位气质高雅的中年妇女，从她的相貌来看，她年轻时一定非常漂亮。也许女孩理亏，就用自己在年龄上的优势作为武器，竟然嘲笑那位中年妇女是“老菜皮”。而那位中年妇女并没有用脏话反击她，而是嘴角带着几分微笑慢慢地说：“你也会老的，但是你却永远不会好看。”车厢里的人都哄笑起来，那女孩立即哑口无言了。

是啊，这句话太精辟太富有哲理了。

我们每一个人都有过年轻的时候，但我们不是每一个人都曾经漂亮。就像那个年轻女孩，她的年轻其实那位中年妇女也曾经有过，但是那位中年妇女的漂亮，那个年轻女孩却永远不会拥有。即使用现代化高超的整容手段重新打造她的面容，那也是别人手下的“作品”，而不是她自己的长相。

用丑语诋毁自己并不了解的人和事，只会暴露出自己的浅薄和无知。单纯的无知并不可笑，因为我们即使从记事起就开始学习，到老还有许许多多不了解不明白的事。可笑的不是无知，而是不知自己无知的浅薄。

有一次，一位年轻的女孩来到圣菲利普面前倾诉自己的苦恼。这个女孩心地不坏，但是最大的毛病是她喜欢说三道四，听些无聊的流言，又守不住自己的嘴巴，经常把这些闲话传出去。当然，很多人因此受到了伤害，女孩并没有从中得到任何好处，但人们都不喜欢她。

圣菲利普决定让女孩为自己的缺点赎罪。于是让她到市场上买一只母鸡，沿路拔下鸡毛散放到路边，拔的时候还要记下鸡毛的数量。

女孩这样做了，然后她回去找圣菲利普。圣菲利普又让她返回把路上的鸡毛悉数捡回来。女孩按照吩咐去做，可是她哭着回来，说："我根本就做不到。风把它们吹得到处都是，我根本就不可能捡回所有的鸡毛。"

"这就对了，你经常传播出去的那些愚蠢的话语不也是散落路途、口耳相传到各处吗？但是你想收回时却怎么也不可能了！"

散毛难收，恶言难消。一地鸡毛难以收场，说出去的话如同泼出去的水难以收回来，那些恶毒或者邪恶的话语给别人造成的伤害也不会立即消除。

谨慎地使用你的舌头。说话者捕风捉影、信口开河，传话的人随声附和、添油加醋，受害的人百口难辩、伤心不已。不过最终那个"罪魁祸首"一定逃不过众人对他的屏蔽和疏远。有的人传播流言、不惜恶语相伤是出于嫉妒、恶意、报复，有的人是出于好奇、有趣、哗众取宠。但是不管是有意还是无意，这种行为都是不可饶恕的——有意为之者卑鄙无耻，无意为之者鲁莽轻率!

多动你的脑子，少用你的嘴巴。一旦意识到自己要说出来的话对别人不利时，就赶紧闭嘴，不要让这些邪恶的羽毛散落路旁。别人的嘴巴你管不了，但是耳朵长在你自己的脑袋上，完全可以对那些话置若罔闻，让恶语止于自己，那么你就是一个智者。

4.“苦药”上抹糖，药性并不减

生活中，尽量不要去批评别人，不得不批评的时候最好采取间接方式，而且要始终对事而不对人。

提起批评，也许更多人的理解是“挑刺”。其实，那只是批评中很小的部分。真正高明的批评，更多的是交流、引导和印证。

历史上很多智人谋士，都是善用药引的人，从而以吹灰之力，成就九鼎大事。如触龙说赵太后，极其典型。

故事说秦国进攻赵国，赵国向齐国求救兵，而齐国一定要长安君当人质才肯出兵。长安君是赵太后的小儿子，当时赵太后当权，不肯答应。大臣们轮流谏劝，都被太后顶了回去。无奈左师触龙出面劝说。那时太后正在气头上，背对着他。触龙进来慢慢坐下，先与太后聊些身体、吃饭之类的家常，又慢慢将话题转到子女上，取得太后共识后，才顺理成章道出爱子女要为他们的长远利益考虑的道理，说明出齐当人质正是长安君建功立业的好机会，是为将来自立打基础，终于劝动了太后。

作为女人，如果你希望自己的批评可以取得良好的效果，就要在方法上下功夫。一个人犯了错误后，最难以接受的就是大家的群起攻之，这样势必会伤害他的自尊心。怎样批评，实际是一种说服的技巧，是一门沟通的艺术。批评的目的在于打动对方，使得对方能认识到自己的错误，回到正确的轨道上，而不是贬低对方，即使你的动机是好的，是真心诚意的，也要注意方式和场合等问题。

良药苦口利于病，但在现实生活中，扶正匡谬的批评的确不如良药那样为人所乐于接受，甚至成了难以下咽的“苦药”。批评得好，人家接受；反之，麻烦缠身，成了“不受欢迎的人”。因此，批评要学会变“害”为“利”，使硬接触变成软着陆，即在“苦药”上抹点糖，看似失去了锋芒，但却药性不减。

郭晶进公司不到两年就坐上了部门经理的位置，但是有个别下属不服她，有的甚至公开和她作对，吴敏就是其中的一位。自从郭晶做了部门经理之后，吴敏经常迟到，一周五天，她甚至四天都迟到。按公司规定，迟到半小时就按旷工一天算，是要扣工资的。问题是，吴敏每次迟到都在半小时之内，所以无法按公司的规定进行处罚。郭晶知道自己必须采取办法制止吴敏这种行为，但又不能让矛盾加深。

郭晶把吴敏叫到办公室。“你最近总是来得比较迟，是不是有什么困难？”“没有啊，堵车又不是我能控制的事情，再说我并没有违反公司的规定呀。”“我没别的意思，你不要多心。”郭晶明显感觉到了对方的敌意。“如果经理没什么事，我就出去做事了。”“等等，吴敏，你家住在体育馆附近吧？”“是啊！”吴敏疑惑地看着对方。“那正好，我家也在那个方向，以后你早上在体育馆东门等我，我开车上班可以顺便带你一起来公司。”没想到郭晶说的是这事，吴敏反而有些不好意思，喃喃地说:“不，不用了……你是经理，这样做不太合适。”“没关系，我们是同事啊，帮这个忙是应该的。”郭晶的话让吴敏突然觉得脸上发烧，人家郭晶虽然当了经理，还能平等地看待自己，而自己这种消极的行为，实在是不应该。后来，虽然吴敏谢绝了郭晶的好意，但她再也不迟到了。

在批评的过程中，适时地采取先表扬后批评的方式，使得对方能树立改正错误的信心，树立全新的自我形象。因为他从你那里得到的信息是，自己是有优点的，即使有错误也能很容易地接受批评，并很快地改正。所以批评的艺术可以称为女人成功的基本哲学。

批评和骂人不同，它们之间有着本质的区别。骂人是气急败坏的表现，是无赖的表现，这不需要多高水平，在大街上扯个泼妇，肯定能骂得十分出彩。只是，骂人的行为除了让被骂者受伤，或者被路人耻笑之外，没有多大意义。而批评不同，批评的过程是批评者站在一个公正的立场，站在一定的高度，通过摆事实、讲道理来对人与事进行的一场论证过程，它应该有着严谨有力的逻辑。因此，我们万万不要把骂人的行为扯进批评的范畴内。

批评别人，就要给别人服气的理由。我们作为批评者，首先要加强自己本身的文化修养，对批评的人和事情，要有自己独到的眼光和见解，要公正地看待问题，而不能根据党同伐异的态度去行事。在批评的过程中，我们要保持自己个人的意识形态，有自己的鉴别能力。然后，通过自己对问题的看法，真诚地向批评对象提出自己的意见，并指明他应该去努力的方向。只要我们的见解是正确的，意见是真诚的，态度是诚恳的，别人又怎会不接受批评呢?

批评，顾名思义既要批也要评。批是批判，评是评价，当然也可以解释为好评。不管怎样，不能光批不评。

在批评的过程中，我们绝不可以只批评不表扬。因为不管是人还是事，毕竟都还是有一些优点的。但这么说，也绝不是鼓励大家在批评别人的时候先来一段表扬，在表扬以后再来一个“但是”，“但是”的后面加上一串的批评。这样的批评只能让别人觉得我们虚假。比如我们是老师，我们要批评学生的懒惰行为，可以这样来批评：你很聪明，请以后勤奋点。而不要这么说：你很聪明，但是你很懒惰。这两种批评方式看着没多大区别，但前一种批评方法已经在表扬中提出了自己对学生的要求，而后一种效果和第一种相比如何，大家肯定是心中有数了。

金无足赤，人无完人。只要是人，就可能犯错误。其实，任何有上进心的人都不愿意犯错，要批评一个人的错误时，最好让对方感觉到自己的错误。你的目的也是为了要帮助对方，而不是为了贬低对方的品格。因此，批评以适可而止、给对方留有余地的方式为好，这样会让对方感谢你的宽容。

5.女人要学会沉默

大部分女人是感性的，所以也就喜欢用语言去表达自己，女人天生的好奇心也会让自己什么事情都问个明白、讲个清楚。如果一个女人整日喋喋不休的，男人就会厌烦。因此，女人在掌握表达技巧的同时，还要学会在适当的时候保持沉默，有时无声胜有声。

俄国诗人、近代俄罗斯文学和文学语言的奠基者普希金曾说过："既不希求桂冠，也不畏惧侮辱，赞美和诽谤都平心静气地容忍，更不和愚妄的人空作论争。"这是做人、处世的诀窍。

与人相处时，特别是遇到问题产生不同看法时，适时的沉默并不意味着胆怯、畏缩和无能，反而意味着理解、宽容和尊敬，更容易起到沟通感情和解决问题的作用。如在与人交谈时，适时的沉默与作曲家认为两音符之间的空白与音符本身同样重要的道理是一样的。适时的沉默既能体现出人的学识修养，也能避免说出效果不够理想的言语——言多必失。当然，我们并不是主张那种"万马齐喑"的沉闷局面，那是对人们心灵的严重压抑。

心理学家则认为：适时沉默能使说话者变得冷静，肩部和嘴部的肌肉放松，会更加心平气和，语言流畅。适时沉默是一种明智的行为。

沉默是一种品格，沉默也是一种境界。沉默使人获得力量，沉默的人生是智慧的人生，沉默的境界是有力量的境界。生活总是无端地冒出许多烦恼，喧嚣的世界又总是扰得人不得安宁。所以，女人学会适当地保持沉默，也就找到了摆脱烦恼的最好方法。许多时候，女人的沉默比大声吵闹更能表达自己的思想，沉默更具有摄人心魄的力量。沉默时思路更加清晰，更容易找到解决问题的办法。默默地思想，默默地探求，人生总会迎来新的一天。喜欢沉默的女人并不都是讷于言谈；而整日喋喋不休的女人，则多是缺乏自信和主见的表现。

女人的一生，应是极力显示自身价值的过程，应该以自己的方式去生活，如果把自己变成别人的赝品，又如何去创造生活、迎接挑战呢？然而，在现实生活中，沉默总能给女人意想不到的力量。面对流言蜚语，女人如果学会适当地保持沉默，把来势汹汹的敌意化解，一切充满肮脏的言语就尽可化为乌有；面对失败，女人如果能学会适当地保持沉默，俯视人海，就能重扬奋斗的风帆。

适当的沉默带来力量的同时也带来孤独，但正是有了这种孤独，女人才有了脱俗和庸俗之分。孤独也是力量，是灵魂悸动后的慎重，是情感喧嚣后的缄默，是剔除浮躁后的宁静，是拒绝平庸后的坎坷，是抛弃浅薄后的深刻，是不再徘徊后的坚定。在孤独中，一个女人拥有那份属于自己的宁静，能焕发内心的潜能，从而使女人在人生短暂的季节里创造出惊人的辉煌。

所以说女人要学会适时沉默，在沉默中发掘自身力量，找回一个真实的自我；在沉默中享受孤独，每次孤独，都是一次进取。每次孤独，都是在人生路上实力的一次提升！

沉默可以让一个女人矜持、恬静，在男人的眼里也就温柔和宽容了许多。让男人不知道你在想什么，这时候的男人往往有一种征服的欲望，这种状态也许会让女人在男人的眼里更具魅力，而不是从他面前走过时像空气。做到恰到好处的沉默是很难，可以在自己难以控制自己的情绪时去看书，让书充实自己的生活。看书可以让女人充满灵性，让自己变得聪慧和内秀，同时也会得到很多生活的感悟。

沉默对一个女人来说，可以得到更多关爱。可惜许多女人都不知“金”在何处，其实在生活中，特别是在关键、急躁、生气时，每一句话，如果不说，可能更有价值。

有一位刚刚出名的歌手，一开始给记者的感觉就是故意在耍酷，后来记者们慢慢发现这个女人之所以不说话，实在是因为她不会说话。其表达能力实在是有限，回答记者的问题总是给人力不从心的感觉。但她自己却是知道这一点的，所以根本不说话，干脆唱歌，什么事情都来一个沉默了之。偶尔冒出几句，却也有语出惊人的效果。

于是人们珍爱起这样的沉默女子来，若对于男人而言沉默是金的话，女人的沉默就是白金了。因为太难碰到，所以在日常生活中偶尔碰到也都感觉良好。像这位歌手那样知道自己嘴笨就不说的是真实的女子，像那些淡然少语的是大气的女子。若这女子天生就是如此安静的性格倒不觉得特别。但若这女子的内心是深深的一片海，却可以在阳光下安静如处子一般，这就更让人感叹不已了。这时沉默就给人一种千般灿烂终究归于平淡的感觉。而在此时，平庸的女人们都在忙着做出这种姿态，真正胆大妄为的女子却总是微笑着默不作声。

日常生活当中，女人要想得到幸福，懂得该沉默的时候就要沉默是非常重要的一件事情，懂得了又能做到的就更是不容易练就的一番本事。

学会沉默就能具有女人那种摄人的美丽。美丽一旦到了这种地步，能获得男人的一生珍惜关爱。所以说，无论什么时候，女人都要学会沉默当中的技巧，该说的一定要说，不该说的就一定要保持沉默。

在日常交往中，沉默往往会给你带来益处。在某些场合，沉默不语可以避免失言。许多人在缺乏自信或极力表现得礼貌时，可能会不假思索地说出不恰当的话给自己带来麻烦。

研究谈话节奏的学者们认识到，有张有弛的谈话在人际交往中至为重要。《谈话的艺术》的作者、心理学教授格瑞德·古德罗解释说：“沉默可以调节说话和听讲的节奏。沉默在谈话中的作用就相当于零在数学中的作用。尽管是‘零’，却很关键。没有沉默，一切交流都无法进行。”

6. 见什么人说什么话

中国有句谚语说："到什么山唱什么歌，见什么人说什么话。"生活中，人是各种各样的，他们的心理特点、脾气秉性、语言习惯也各不相同，因此也就决定了他们对语言信息的要求是不同的。所以，女人要注意见什么人说什么话，不能用统一的通用的标准语的说话方式来交流。

良好的谈吐可以助人成功，蹩脚的谈吐则令人阻碍重重。在日常生活中，我们身边的人多种多样，有口若悬河的，有期期艾艾、不知所云的，有谈吐隽永的，有语言干瘪、意兴阑珊的，有唇枪舌剑的……人们的口才能力有大小之分，说话的效果也是天差地别的。因此，要想在说话上成为高手，达到"到什么山上唱什么歌"的境界，就必须要把握其中的奥秘。

有个叫许允的人在吏部做官，提拔了很多同乡人。魏明帝察觉之后，便派人去抓他。

他的妻子为了把这件事争辩过来，赶出来告诫他说："明主可以理夺，难以情求。"让他向皇帝申明道理，而不要寄希望于哀情求饶。因为，依皇帝的身份地位是不可能随便以情断事的，皇帝以国为大，以公为重，只有以理断事和以理说话，才能维护好国家利益和作为一国之主的身份地位。

于是，当魏明帝审讯许允的时候，许允直率地回答说："陛下规定的用人原则是'举尔拨右'，我的同乡我最了解，请陛下考察他们是否合格，如果不称职，臣愿处罚。"

魏明帝派人考察许允提拔的同乡，他们都很称职，于是就将许允释放了，还赏了一套新衣服。

许允提拔同乡，根据是封建王朝制定的个人荐举制的任官制度。不管此举妥不妥当，它都合乎皇帝在其身份地位上所认可的"理"。许允的妻子深知跟九五之尊的皇帝打交道，难于求情，却可以"理"相争，于是叮嘱许允以"举尔所知"和用人称职之"理"，来抵消提拔同乡、结党营私之嫌。看来，许允的妻子确实掌握了"见什么人说什么话"的语言艺术。

说话是要有对象的，对牛弹琴，无论说得再精彩也是没用的。只要女人根据实际情况，一点一滴地了解对方、熟悉对方，就能够尽其所能地施展自己的言语魅力。这对于所熟悉的人是容易做到的，但对于初次见面的陌生人，女人应该做到：边看边说，察言观色，巧妙应答。

（1）看面部表情

一个人心灵中的每一项活动都表现在脸上，刻画得很清晰、很明显。有时人口头表示赞同，但他的眉头却不知不觉地紧皱了起来，或者他的嘴唇突然紧闭，而且嘴角向下撇。这些表情恰恰是内心不愉快的流露。因此，他口头上的赞同其实是言不由衷的。

（2）看身体表情

几乎每一种体态、每一种动作都是一种特殊的语言，都在表现着一个人的内心世界。假如，谈话的人双脚开立、双臂交叉在胸前，这就表明此人怀有某种敌意，他在自我防卫；而当他不仅双臂交叉，而且双拳紧握时，那就是说他不只是在自卫，而且要进攻了。又如，一个谈话者常常摊开双手，这表明此人是真诚坦率的，对人毫无提防之心。

（3）看语言表情

与人交谈时，女人不但要看他说什么，还要看他怎么说。这就要从对方说话声音的高低、强弱、快慢、腔调等听出他的言外之意、弦外之音。这是因为说话声音的种种变化不但表现一个人的性格，而且能够表明一个人的情绪与心境。例如，急性子的人说话节奏快、声音响亮；慢性子的人说话节奏缓慢、声音低沉；忧伤的人语速慢、声音低、节奏平缓；而兴奋的人则语速快、声音高、节奏强烈；等等。

“看人说话”主要是注意捕捉上述三种表情，从这些表情变化中便可随时猜度对方的心理状态，透视对方的心理需要，然后随时调整自己说话的内容与方式，并透过巧妙机智的言语获得预期的良好效果。

现实生活中，因为不了解对方的性格、志趣或者没有猜准对方心意而无意引起对方反感，甚至伤害对方的事是屡见不鲜的。对一个做事雷厉风行、说一不二的人，你却慢条斯理，沿着羊肠小道跟他“绕圈”，只会让他不耐烦甚至躁动发火；对一些优柔寡断的人，你也采用优柔寡断的态度与他交涉，常常会因为表达含糊、词义暧昧而使交易告吹；如果你的领导是个呆板而不懂幽默的人，你最好不要对他开玩笑。假如你偏用幽默的言语跟他讲话，他可能会骂道：这个家伙，尽跟我说些无聊的话！对一些爱露锋芒的人，你若任他肆意妄为，你们的交往可能会由于你们之间产生相互警惕以至嫉妒而遭失败。对一些“假正经”(心里想的跟嘴里说的相反)，你若真跟他“正经”，那可不会给他留下好印象。

错估对方的性格特征，会使交往受到阻碍。这方面处理的一个基本原则是采取与对方性格特征相反的态度。不过，这也只是个基本点，要参考着用，如果对一个生性懦弱的人采取强硬的态度，当然会遭到对方的反感。许多事例告诉我们：如果你没把握住对方的性格，必将陷入难以自拔的困境，所以你务必留意。

所以说，“见什么人说什么话，因人而异”是非常必要的，否则就会犯“对牛弹琴”的错误。

在一般情况下，运用“因人而异”要考虑以下几个方面：

（1）根据性别的差异。对男性，需要采取较强有力的劝说语言；对女性，则可以温和一些。

（2）根据年龄的差异。对年轻人，应采用鼓励的语言；对中年人，应讲明利害，供他们斟酌；对老年人，应以商量的口吻，尽量表示尊重的态度。

（3）根据地域的差异。对于生活在不同地域的人，所采用的劝说方式也应有所差别。比如，对于我国北方人，可采用粗犷的态度；对于南方人，则应细腻一些。

（4）根据职业的差异。不论遇到从事何种职业的人，都要运用与对方所掌握的专业知识关联较紧的语言与之交谈，这样做的话对方对你的信任感就会大大增强。

（5）根据性格的差异。若对方性格直爽，便可以单刀直入；若对方性格迟缓，则要“慢工出细活”；若对方生性多疑，切忌处处表白，应该不动声色，使其疑惑自消。

（6）根据文化程度的差异。一般来说，对文化程度低的人所采用的方法应简单明确，多使用一些具体的数字和例子；对于文化程度高的人，则可以采取抽象的说理方法。

（7）根据兴趣爱好的差异。凡是有兴趣爱好的人，当你谈起有关他的爱好这方面的事情时，对方都会兴致盎然，同时，对你无形中也会产生好感。因此，如果你能由此入手，就会为下一步的劝说工作打下良好的基础。

第二章 学会赞美，把话说到对方的心坎里

每个人都喜欢听好话，尤其是赞美的话，不仅是每天相处的同事，包括家人、朋友、伴侣也喜欢赞美，赞美的力量比沉默认同的力量强百倍。

1. 女人要懂得赞美

如果有人发现一种对人类的精神具有妙效的药，那该多好——这是一种自我的滋补剂，你能随时把它带在口袋里。当你碰到意志消沉的人，他对人态度冷淡或叫你难堪，你只要从瓶子里倒出一点让他服下，他就会开始对自己有更高的估计——他的自尊心会很快抬起头来，他会变得友善而合作。

而事实上真的有这样一种灵丹妙药：有这么一种药，只要一点点，其惊人的效力与任何特效药一样大。这种特效药就是赞美——称赞别人，让他知道他的努力受人赞赏。

在和人交往的过程中，适当地赞美别人是有礼貌、有教养的表现，不仅可以获得好人缘，而且还可以使双方在心理和情感上靠拢，缩短彼此之间的距离。

因为这些适当的颂扬，常常会由此提高了他人的尊严，更有利于改善自己的人际关系。

你想赞美一个人的时候，随口称赞是不好的，一定要表现出一种足以使对方认为“称赞得有理”的热诚，而且所称赞的一定是一个无可争议的事实。

如果特别喜欢某人，或者特别想成为某人的朋友，可以了解此人的优点和缺点，称赞此人希望被称赞的地方。大部分人都有某些优秀的品质以及希望被他人认定为优秀的部分。一个人被赞赏时着实能令他高兴。任何人都有渴望他人褒奖的欲望，要想发现别人的闪光点，观察乃是最好的办法。

仔细观察、细心体会并敏锐地抓住他人喜爱的话题。通常，自己想要被称赞、希望被认定为优秀的地方，往往会出现在最常见的话题里。也就是说别人乐此不疲经常提到的话题。例如，经常展现的学识便是他自以为优越的地方，只要抓住这一点，就能一举制胜。

赞扬别人要恰到好处，很多人都不太了解这其中的学问。这是因为你还不是十分了解人们多么希望自己的想法及喜好能获得支持，特别企望明明是错误的想法，甚至是自己的小缺点，能得到他人的谅解与认同。如果我们只考虑自我的想法便对他人的习惯及服装等方面挑毛病，必然会对他人造成伤害；反之，若能加以认同，别人则会感到无限的欣喜。

这里要记住的是，虚伪地赞扬别人是不行的。比如，你看到一个并不漂亮的女孩，就不能称赞她太美丽。因为这样，她会觉得你是在故意戏弄她或是你太虚伪。这所起的效果实在太糟糕了。其实你不一定要称赞她漂亮，你可以改为称赞她性格温良或有某种特长也是可以的。

但一定要注意，不管称赞别人什么品质，都要实事求是，而不是挖空心思揣测。如果你想赞美一个人而又实在找不出他有什么值得赞扬的地方，那么，你可以赞美他的家庭、他的工作或和他有关的一些事物。

在心理学上，有一个术语叫作“晕轮效应”，大致意思是对一个人有好感就可能喜欢和他有关的所有的事物和人，也比较容易接受他的观点和建议，也会觉得他所有的言行举止一切都很好。

贝蒂看中了一处房子，希望能把它租下来，但是据说房东很难缠，许多人试过要求降低租金，最后都失败了。不过，贝蒂还是想试一试，于是她约见了房东。

贝蒂站在门口，热情地欢迎房东的到来。一开始她并不提及房租的事，只是闲聊，并表示自己非常喜欢这个房子。

“这里安静，光线也很好，你果真是有眼光，里面的装修也考虑得很周全，很有品位！”

房东听后喜滋滋的：的确，这栋房子无论是起初的选址、房屋设计还是室内装潢，都花费了自己许多的心血。

“难得你和房子这么投缘，希望你能住得长久一些……”房东高兴地说。

“我也这么想，不过……”贝蒂略微迟疑了一下，“不过我实在负担不了这么昂贵的房租，恐怕我最多只能住两个月了……”

房东见她如此热情有礼，犹豫了一下，接着说：

“以前几个房客总是不停地挑房子的毛病，让我很是恼火，要是他们都像你这样我就省不少心了……”最后房东主动减低租金，双方协商好彼此都能接受的价钱。

离开的时候，房东还关心地说：“如果房子还需要有什么维护的地方，你尽管打电话告诉我！”

如果贝蒂不是从对方的房子入手，恐怕也难以达到自己的目的。

俗话说：良言一句三冬暖，恶语出口六月寒。女人要想长久保持自己的吸引力，不时给对方三两句赞美之语是绝佳处方。因此，女人要懂得赞美。

那么，怎样赞许别人才是合适的呢？

（1）女人要确定赞美别人的最佳内容。每个人都有长短处，却都希望长处被人称赞，如果他能写一手好字，能唱一支动听的歌，女人就应紧紧抓住这些闪光点予以称赞。还有就是女人要看准他人的所想和所爱，然后就赞其所想的如何有远见，并想方设法把自己的所爱与他人的所爱相接近，还要说出其所爱的好处。这样，人与人之间的距离就越来越近，彼此间的共同语言也就越来越多。

（2）女人要学会捕捉最佳时机。同一句赞美之词在不同的时间、地点、场合，其所起的作用和效果也迥然不同。

（3）女人要学会选用最巧妙的方式。语言表达是一门奥妙无穷的艺术，用何种方式称赞他人，其学问也很深。不过称赞的方式不外分为直接称赞和间接称赞两大类。直接称赞，语发由衷，这样会使人受到莫大的鼓舞；而旁敲侧击，虽是引用他人的赞美之言，但比直接称赞更令人陶醉。

赞美是一种聪明的、隐藏的、巧妙的“献媚”。生活需要真正的赞美来调和，成功需要赞美来填充颜色。成功正是由于赞美才得以更加耀眼招人。而失落时也需要赞美，一条失败的路并不是毫无是处，再丑陋的东西也终会有美丽的一面。只有认真地发现值得赞美的点点滴滴，人们才能够看到充满阳光的明天，世界也正是由于这些赞美才变得如此扣人心弦，摄人心魄。

女人避免自己的一些过失的同时，要主动进攻，尽力掳获男人心，那赞美就是其中的一件法器。人都有一种强烈的愿望——被人欣赏。赞美其实就是发现价值、提高价值，人们总是在寻找那些能够赞美自己的人，赞美不仅是对一个人能力的肯定，还给人以信心，能让对方充满自信地面对失败，面对成功，面对世界百态。同样男人也不例外，那就是渴望被女人承认或者肯定，渴望被赞美。

女性朋友，不要吝惜你的赞美，炫彩的大世界不能没有你的赞美。

2. 激励下属的最好方式是赞美

一个女人能够独当一面已经很不容易，若是作为领导的话，更是压力重重。尤其在管理公司、管理下属这些事上，都要十分操心。我们都知道：任何一个人都不喜欢自己被批评，或者说被别人唠唠叨叨，重复强调着被命令。作为领导，要是懂得这一点，那么，就赶紧换一种管理下属的方式吧，不要用你唠叨的言语去管教你的下属，学会用赞美的方式，或许更有效果。

在这个世上，人人都爱被赞美，所以，赞美是管理者调动下级的积极性、激励下级工作热情以实现工作目标的绝佳方法，在领导工作中具有非常重要的作用。人作为万物之灵，又都有自己的思想、情感和需求，在成长过程中，都需要得到别人的赞美和认可。赞美能够增添动力、激发活力。得到他人赞美，就是得到了一种肯定和激励，得到了一种慰藉和力量。

卡耐基说："赞美好比空气，人不能缺少。"心理学家威廉·詹姆士也说："人类本性最深的企图之一是期望被人夸奖和肯定。渴望夸奖是每个人内心里的一种最基本的愿望。我们都希望自己的成绩与优点得到别人的认同，哪怕这种渴望在别人看来似乎带有点虚荣的成分。"

对于员工来说，工作中犯错是难免的。这时上司如果大发雷霆，则是非常愚蠢的，因为下属比起领导更难以接受批评，尤其是上司在发怒时恶意的指责。贬斥只代表过去，赞扬却可以通向未来。不管工作做得如何，总有值得表扬的地方，要知道表扬永远胜过批评。

有些女领导在管理过程中对"赞扬员工"有着一种担心。她们认为赞扬个别员工可能会使他们自我陶醉，滋生懒惰，不思进取。同时也担心其他员工在背后议论，说对下属不能一视同仁、对员工不平等。其实这种担心是多余的。每个人都渴望得到赏识、得到赞美，无论是身居高位还是地位卑微，无论是刚入公司的小青年，还是即将退休的老员工。

赞美能使百年冤仇顷刻顿消，赞美能使古板呆脸增添笑容。人们普遍地希望能得到别人的赞美，对于赞美他的人，自然地也就容易接受。女领导在对员工进行赞美时，不要过多地担心，因为，被赞扬的员工不但不会骄傲，反而会为受到赞扬而更加努力。女领导赞扬员工，一定要在员工的工作成绩达到该赞扬的程度时才赞扬。只有这样，员工才会产生无限的喜悦和神圣的使命感，感到自己得到应有的承认，从而更加努力地去工作。

赞美不需要廉价地拍卖。不要以为赞扬便是"灵丹妙药"，包医百病。在员工没有好的表现和成绩时，领导者认为随便对其施加一通赞扬，员工便会信以为真而激发工作热情吗？很显然，若一开始他们还有所顾虑的话，很快就会不理睬领导者的话。因为他们认为领导者在搞阴谋，刻意讽刺，这会影响管理人员在员工中的形象和权威。

虚浮的赞扬不仅不会产生激励的作用，反而会增加员工对领导不信任的因素，使赞扬者变成伪君子，使员工产生受捉弄感。在赞扬时，言语一定要发自内心。如果女领导在赞扬员工时漫不经心，一边读报、喝茶，一边说着几句赞扬的话，不但起不到赞扬的效果，反而会引起员工的反感，认为女领导是在敷衍他，对他不尊重。久而久之，即使当女领导严肃认真地去赞扬员工，员工也会不在乎和不理睬。

“人不畏惧倒下，但最怕人格和威信再也提不起来。”而人格和威信的“倒地”也就在不经意的琐碎事中。因而，赞扬不能无关痛痒，赞美必须显出真诚。另外，以非常公开的方式对一个人进行表扬，会使赞扬的效果更加显著。一位国外的企业家说：“如果我看到一位员工杰出的工作，我会很兴奋，我会冲进大厅，让所有的其他员工都看到这个人的成果，并且告诉他们这件工作的杰出之处。”这位企业家发现员工的成果及时给予表扬，并示之以大家的做法，会使其他的员工暗暗憋上一股劲儿，你追我赶，你赶我超，而形成良好的工作氛围，使整个企业在　件小事上得到最大的受益。相反，领导者若只对这位员工私下进行表扬，暗暗努力的也许只有这名员工自己，达不到上面那样好的效果。

一般人都尊重领袖，自己内心也有一种领袖感。企业里的每位员工都是愿意“脱颖而出”的，领导者当众进行表扬恰是让他们“脱颖而出”。有了成绩的员工被表扬，就等于在企业中树了一个榜样。

有一位企业家，他的员工和部下总是充分显示出自己所具有的才能，发挥出应有的能力。他在用人方面显示了超凡的艺术。那么，他是怎样用人的呢?

他每次迎接刚参加工作的新员工时，总是带着发自内心的微笑，握着他们的手说：“我一直在等待着你们的到来。”那些自尊心很强的人，看到老总这般的赞扬、这般的亲切都很是兴奋，决心一定要干劲十足，不辜负领导的希望。这位企业家不仅在口头上这样说，在具体工作中更如此去做。他信任员工，大胆地让员工去做事情，给员工很大的自主权，使员工们真正感到这位企业家确实是“一直在等待着”他们的到来。另外，他对那些成绩突出、很想成为领导、自信心非常强的部下，也用这种方法，给他们看似不是赞扬的赞扬，使他们感到自立的重要性。

这位企业家对那些有专业特长的人总是报以敬重和谦虚的态度，他总是喜欢对他们说“虽然我不是专家，但是有你们的帮助，我肯定能够成功”之类的话。这位企业家所用的方法就是经典式的“怀柔政策”：用平淡的赞扬、亲切耐心的态度去激励员工和部下。那些过于自信、过于固执的部下和员工也往往为其所“感动”，从而使企业上下一条心，拧成一股绳，企业发展蒸蒸日上。

由此可见，赞扬是花费最小、收益最大的管理技术，不能不令人称道。磨刀不误砍柴工，要想砍下树木，最好磨快锯子，要让企业出效益，聪明的女领导就要学会赞美员工，给他们以不可不进取的动力吧！

3. 对老公要少些唠叨，多些赞美

在这个社会中，男人背负了太多的责任与义务，也扮演了太多不同的角色，最浓墨重彩的就是“国家的栋梁”“家庭的支柱”这样的定位。面对责任的加重和复杂的人际关系，为了获得社会上各方面的认同，压力之下就会造成男人们的身心“透支”。

男人在拼搏之后得到的并不是期待的结果时，也只得安慰自己：人生不如意是正常的，快乐才是偶然的。现代城市生活压力下的男性其实很脆弱，他们承受的社会责任、家庭责任和各种期待更多，承受的压力也就更大。

男人在外面打拼的累和苦，是多么需要女人的鼓励和温柔的体贴啊。当妻子在丈夫的耳边说：“我不希望你当什么局长、处长，也不苛求你成为富豪，只希望你充分认识自己，弄懂自己喜欢什么、能干什么，然后努力认真地做自己最喜欢、最钟情的事情就够了。老公，在人生的道路上，我们应该量力而行，不要苛求自己，该工作时就争分夺秒，该休息时就玩个痛快尽兴。”这些温柔体贴的话语，流入老公心田的时候会是多么感动，整日的疲惫和辛劳都会被这理解的话语所融化。

如果妻子对丈夫总是抱怨不断、唠叨不休，说他这个做得不对，那个做得不好，那么男人们宁可住到露天的屋顶上，一个人在酒吧里喝闷酒，也不愿回到家里。以鼓舞代替苛求，让自己的丈夫成为世界上最快乐、最爱你的人，那么你也将成为最幸福的女人。

每个男人都希望通过自己的努力，让自己心爱的女人身心都得到最大的满足。为此，男人可以不惜一切。在家庭的两人世界里，被丈夫宠着的女人是幸福的女人，可以自豪，也可以炫耀，却千万不要忽视老公的感受。虽不必时时以丈夫为第一，但也不能一味地心安理得地去享受，全然不顾丈夫的感受。

女人要有一颗感恩的心，要对一直以来丈夫为自己所做的一切都心存感激，千万不能因为他很在乎你，就以此为威胁而凌驾于丈夫之上，要时常与丈夫平等地谈心和交流。不要认为丈夫所做的一切是应该的、理所当然的，要对丈夫给予自己的爱充满感激，要用加倍的柔情来回报他，让丈夫充分地感受到自己的温柔。这样他才会觉得，为你所做的一切即使再苦再累也都是值得的，他也会加倍地爱你。

女人及时地赞扬他往往可以取得良好的效果，尤其是在众人面前及时地赞扬，效果更好。贤惠的妻子最好养成良好的赞扬丈夫的习惯。一旦这么做之后，你的丈夫会很开心！丈夫会更珍惜你们在一起的幸福、欢乐的时光，会更加感激你，而你们的婚姻生活也会更美满、充实。

当丈夫下班回家一进家门，将一束鲜花递到自己手里的时候，女人一定要记得赞美他一番。因为，他现在的心里是多么渴望听到你的赞美啊。反之，如果你没完没了地唠叨："你买这个用了多少钱啊”“这些钱你知道可以给孩子买几袋奶粉啊”“可以够我们两天的生活开支了”，这样便适得其反，这对于男人来讲简直就是冷水浇头。

赞美也是一门学问，那么如何更好地赞美自己的丈夫呢？

（1）多在第三者面前赞美你的丈夫，这也是往你脸上贴金。

（2）注意赞美的词语不要太夸张，一定要真诚，倘若这种赞美不真诚还让人感觉不舒服的话，那么还不如不赞美。

（3）在赞美的同时也可带点亲密的动作，如拥抱一下。

（4）平时要注意观察，赞美你丈夫自我感觉良好和擅长的一面。

（5）赞美要及时，而不要事隔太久。

拥有一份幸福美满的婚姻是每一个男人和女人都梦寐以求的。所以作为老婆，不妨在生活中多给自己的丈夫一点及时的赞美。对丈夫来说，这既是鼓励，同时也可以增强男人的自信。对老婆来说，这也是一种责任和义务。

对于每个女人来讲，赞美丈夫应该是举手之劳的事。每当自己的丈夫做了一件令自己心悦的事情，及时地赞美丈夫是最好不过，也是最不费力的事情，也是女人最拿手的技能。虽说不费力气，张嘴就来，可甜言蜜语水分多了，就显得诚意不足，有点别扭，使人听起来浑身不舒服。毕竟有根有据的赞美和敷衍了事还是有区别的。

赞美自己心爱的男人，对任何女人来说都不是件难事。但是，没有分寸无原则的赞美，只会让男人自负或自恋。因此，赞美就如一件衣裳，好看但未必适合每个男人。女人要将赞美准确送达，也需要有独到的眼光。

男人每天在工作场上的拼搏，在深夜伏案疾书的辛劳，都写在了脸上。对于女人，自己的丈夫不仅要关怀他，更要崇拜他。如果他这个月的业绩又达标了，你就得赞美：“我丈夫就是能干，工作中得心应手。”如果他在周末破例为你做早餐，你就得赞美：“丈夫，你做的汉堡包真是一绝，比麦当劳的还好吃！”如果是在修理水龙头，你就得赞美他修水龙头的样子很有男人味。你的恰到好处的赞美，丈夫听起来会很得意，也会干得很高兴。

男人都有虚荣心，他们愿意当大男人、大丈夫。在男人的心里，更喜欢得到自己心爱的妻子的赞美，但是男人又是很敏感的，赞美要恰到好处，不可做作，要表达出你的诚意和感激之情。要做一个合格的妻子，在赞美的同时，千万不要忘记表达一下对老公的爱意，这也是必不可少的。记住千万不可在邻里朋友面前不停唠叨和抱怨，或者当众指责丈夫如何无能，那简直就是诋毁自己丈夫在公众面前的形象，同时也是在一点一点摧毁属于自己的幸福。

4. 赞美的力量能创造奇迹

赞美是一门生活的艺术，也是一种并非人人都会的技巧，是一门需要用智慧去领悟的哲学。当你丢掉心中的种种不满与嫌弃、抱怨与唠叨，而选择真心去赞美值得赞美的人时，生活才会变得更美丽，而别人的人生也会因为有了我们的赞美与尊重而更加亮丽。但是，在现实生活中，人们总是希望得到他人的赞美，却从来都吝惜对别人的赞美。殊不知简单的一句话，一个微笑，一个肯定的眼神，有时就能给人无限的鼓舞和温暖。

这是一个真实的故事。

有一个从乡下来的在一家大型广告公司工作的女清洁工，本来是一个最被人忽视、最被人看不起的角色，但就是这样一个人，却在一天晚上公司保险箱被窃时，与小偷进行了殊死搏斗。

事后，有人为她请功并询问她的动机时，答案却出人意料。她说，其实也没什么，就是当公司的总经理从她身旁经过时，总会不时地赞美她“你扫的地真干净”，这就是她和小偷殊死搏斗的原因。

看吧，就这么一句简简单单的话，就使这个员工受到了感动，所以才不惜以生命来捍卫公司的财产。由此可见，赞美是一种多么伟大的力量。

大文豪马克·吐温曾说过：“一句美妙的赞美可以使我多活两个月。”他其实就直接道出了整个人类在精神上的需要——赞美。赞美能赋予人一种积极向上的力量，能更大地激发人对事物的热情。世界上没有什么比赞美人更重要。称赞和尊重别人，能够欣赏别人，使他们觉得自己很受重视，不花一分钱却能产生意想不到的作用。同样，别人也会反过来尊重你，以积极热情的态度对待你。

嘴巴一响，黄金万两。一位推销大师把他的成功经验总结为：微笑，赞美，关心。“你可以拒绝我的推销，但是你不可能会拒绝我的赞美。”这是放之四海而皆准的成功秘诀。发自内心地欣赏别人、赞美别人，这样才能和别人良好沟通，从而获得好人缘。

每个人对于赞美都有亲身体会，被人由衷地赞美是多么开心的事情啊！聪明的女人要是懂得在恰当的场合赞美别人，那么一定能为自己的交际加分，让自己成为交际场中最受欢迎的人。

我们仔细观察会发现，周围的人或多或少都在说着赞美别人的话，只不过每个人的赞美方式各不相同而已。赞美主要有以下四种方式：

（1）直接式赞美

赞美他人最常见的方式就是直接赞美。特别是上级对下级、老师对学生、长辈对晚辈。它的特点是及时、直接。

被誉为“近代物理学之父”的爱因斯坦平日酷爱音乐，喜欢弹钢琴，擅长拉小提琴。有一年，他应邀对比利时访问，比利时国王和王后都是他的朋友，王后也是一个音乐迷，会拉小提琴。他和王后在一起合奏弦乐四重奏，合作得非常成功。爱因斯坦对王后说：“您拉得太好了！说真的，您完全可以不要王后这个职业。”听了爱因斯坦的赞美，王后很是兴奋。

（2）间接式赞美

在日常生活中，如果我们想赞美一个人，但不便对他当面说出或没有机会向他说出时，可以在他的朋友或同事面前，适时地赞美一番。由他人传话，这样收到的效果会更好。

美国南北战争开始时，北方联军连吃败仗。后来林肯大胆起用了一位将军——格兰特。他出身平民，衣着不整，言语粗俗，行为莽撞，有人还说他是个酒鬼。林肯心里明白，所有对他的传言其实都是夸大之辞……后来，竟然有人要求林肯撤掉格兰特的军职，其理由是说他喝酒太多。林肯则不以为然，他赞美格兰特说：“格兰特总是打胜仗，要是我知道他喝的是哪种酒，我一定要把那种酒送给别的将军喝。”格兰特没有辜负林肯的信任，为结束南北战争立下了赫赫战功，证明他的确是一位能力卓越的将军。后来，他竟成为美国第十八任总统。

（3）意外式赞美

出乎意料的赞美会令人惊喜。丈夫工作一天后回家，见妻子已摆好了饭菜，称赞妻子几句；老师见学生把教室打扫得干干净净，夸奖一番。在学生看来是应该的，却得到老师的赞美，心情自然是无比愉悦的。

有时，赞美的内容出乎对方意料，也会引起对方的好感。

卡耐基在《人性的弱点》中写了一个他曾经历过的故事：一天，他去邮局寄挂号信，办事员服务质量很差，很不耐烦。当卡耐基把信件递给她称重时，他说：“真希望我也有你这样美丽的头发。”闻听此言，办事员惊讶地看看卡耐基，脸上马上也露出了微笑，服务变得热情多了。

（4）激情式赞美

人总是喜欢被赞美的，无论是咿呀学语的孩子，还是白发苍苍的老翁，因为人任何时候都有一种被人肯定、被人赞美的强烈愿望。恋人之间尤其需要赞美。赞美既是获取爱情的催熟剂，又是缓和矛盾的润滑剂，还是保持感情的稳定剂。正如拿破仑所说：“从来没有哪个女人像你这样受到如此忠贞、如此火热、如此情意缠绵的爱！”对他的女神，拿破仑总是不吝啬赞美。

情人眼里出西施，在拿破仑眼中，他的妻子约瑟芬是天下最有魅力的女人，他用尽了一切华美的、无与伦比的词语去赞美她。拿破仑在行军中给约瑟芬写信说：“我从没想到过任何别的女人，在我看来，她们都没有风度，不美，不机敏！你，只有你能够吸引我，你占有了我整个心灵。”

赞美，对别人是温暖；赞美，对自己是文明；赞美我们共同的生活，则可以让我们少了唠叨与抱怨，多了快乐与幸福！因为赞美的力量是巨大的，它常常能够带我们创造奇迹！

5.“如何赞美”是一门学问

在这世上，不管是谁都不会喜欢听别人的抱怨跟唠叨，以及无止休的训斥，而是喜欢别人的认可与赞美。因为在每个人的潜意识深处，都渴望得到别人的赞美。由此及彼，别人也同样渴望得到我们的赞美。所以，懂得用赞美的方式去解决问题，会让你的人生之路顺畅很多。

在这个社会里，谁不喜欢听“好听的”呢？人的天性本来如此。西方心理学把这叫作“真诚的肯定”，大致的意思就是说用一种赞美、报偿及增援的字句向你的朋友及时说你“真的相信”。由于你适时确切地发出了自己真诚的肯定，你相应就会得到接受你肯定的人给你的一种比较直接的回馈。

赞美绝不是虚伪的表现，因为赞美一定要真诚。如果朋友已经把事情搞砸了，你却“不失时机”地赞美一番：你做得真好，我还真是做不到那个样子呢。这个时候，你的朋友会有一种被赞美的“美妙感觉”吗？

赞美是一件好事，但绝不是一件简单容易之事。赞美如果不审时度势，不掌握一定的赞美技巧，即使你怀着一颗滚烫的真诚的心，也有可能会变好事为坏事。

所以，我们一定要在实际应用中掌握下面7个技巧：

（1）因人而异

人的素质存在着差异，有高有低，年龄也有大有小。因人而异，突出其个性、有特点的赞美比一般的、普通的赞美能收到意想不到的更好的效果。

比如，老年人总是希望别人仍然能记得他“当年”的那种雄风，所以和他们交谈的时候，可以多多称赞他那引为自豪的过去；对年轻人，我们不妨语气稍微夸张一点儿，赞美他的创造才能和无畏的开拓精神，并举出几个例子证明他的确是前途无量的；对于一个经商的人，可以称赞他有着一副灵活的头脑，天生生财有道；对于那些有地位的干部，可称赞他们为国为民，整日廉洁清正为人民服务；对于一个知识分子，可称赞他见多识广、知识渊博、宁静淡泊……当然这一切都要依据事实，千万不要夸之过头，否则会令人产生反感。

（2）翔实具体

在日常生活中，一个人能做出非常显著成绩的时候其实并不多见。所以，交往中应从最具体的普通的事件入手，善于发现别人微小的长处，并不失时机地给予赞美。赞美用语越具体越好，这样就说明你对他的了解程度越深，对他的长处越重视。让对方感到你的那份真挚、亲切和可信，你们之间的距离也相应就会越来越近。如果你只是一味地含糊其辞地赞美对方，例如说一些"你工作得如此出色"或者"你真是一位卓越的领导"等极其空泛飘浮的话语，不但得不到对方的好感，甚至会让对方认为你只是一个会溜须拍马、别有一番用心的人，甚至还会产生一些不必要的信任危机。

（3）情真意切

要用发自内心的真情实感去赞美人，这样赞美才不会给人一种虚假和牵强的感觉。带有情感体验的赞美既能体现出人际交往中双方的互动关系，又能表达出自己内心真实、美好的感受，对方也能切实地感受到你对他的那份真诚的关怀！

虽然人都喜欢听赞美的话，但并不是任何的赞美都能使对方高兴。所以能够真正地引起对方好感的只有那些基于事实、发自内心的真诚的赞美；相反，如果没有根据，虚情假意、胡编乱造地赞美别人，不仅会让人感到莫名其妙，反而会觉得你就是油嘴滑舌、诡诈虚伪。例如，当你见到一个长相平平的先生，却偏要对他说："先生，你真的太帅了。"对方肯定就会认为你说的是一种违心话。但如果从他的服饰、谈姿、举止等方面的出众之处进行真诚的赞美，他就会很高兴地接受，并会对你产生好感。

（4）合乎时宜

注意不时地观察对方的状态也是很重要的一个环节，如果对方恰逢处于情绪特别低落的时期，或者有一些不太顺心的事情，过分的赞美往往让对方觉得特别的不真实，所以一定要注重对方情感的变化。

赞美的效果也往往在于相机行事、适可而止。比如，正当别人计划着要做一件有意义的事时，开头的几句赞美能激励他痛下决心作出一些成绩，中间的赞美就有益于对方能够再接再厉，结尾的赞美则可以点头肯定成绩，指出下一步需要努力的方向，从而达到“赞美一个，再激励一批”的效果。

（5）雪中送炭

俗话说：“患难时刻见真情。”最需要赞美的不是那些声名显赫、早已功成名就的人，而是那些因被埋没而产生自卑感或正身处逆境的人。他们平时很难听到一声真诚的赞美，一旦被你当众真诚地赞美，便有可能为此精神大振，一展宏图。所以，最有实效的赞美其实是“雪中送炭”那种，而不是生活中的“锦上添花”。

（6）对事不对人

赞美绝不是阿谀奉承。如果你的赞美毫无实际根据，只是说“你实在是太好啦”或者“我对你佩服得如那黄河之水连绵不绝”之类的话，恐怕就是傻子也不会认为你真的是对他充满了善意的赞美吧！所以，一定要赞美实际事情本身，要“以人为本”，这样你的赞美才显得有意义，才可以避免尴尬、混淆或者偏袒情况的发生。

（7）“凭你自己的感觉”赞美

每个人都有一些灵敏的感觉，也能同时感应到对方的感觉。要相信自己内心的感觉，恰当地把它运用在自己的赞美中。如果我们既能清楚地了解自己的内心世界，又经常用真诚的语言去赞美别人，相信我们的人际关系就会越来越好。

另外，赞美并不一定总套用一些固定的词语，见人就总是说好。有时候，也可以借助于肢体语言，如投以一个赞许的目光、做一个夸奖对方的手势、送去一个友好的微笑等，都能收到不错的效果。

一句抱怨和唠叨的话语，可能让你招人厌烦，毁了你一份工作或一个生意，但是一句普普通通的赞美有时却可以帮你心想事成，运用得当的话甚至还能改变你的一生。因为，不管是一个普通的人，还是一个伟大的人，对于别人的赞美之词总是来者不拒的。所以，还等什么？赶快学会真诚地去赞美别人吧！

6. 真心赞美让一切都变得美好

在这个世上，如果我们想要去达成一件事，那么首要前提是要有个好的态度，其次呢，就是要有诚意，懂得说好话给别人听。好的东西，人们向来都是来者不拒的。真心地说出赞美的话，总比埋怨对方不给自己办事、做法不合理要好得多。唠叨和抱怨是人们在遇见难题时，会常有的态度，但它们不能帮我们解决任何问题，相反如果我们肯拿出一个笑脸，用和善的语气去和对方沟通，那么反而会达到自己想要的效果。

人总是喜欢听好听的话，即使心里明白对方讲的是奉承话，心里还是免不了会沾沾自喜，这是人性的弱点。换句话说，一个人受到别人的赞美，绝不会觉得厌恶，除非对方说得太离谱了。

爱美之心，人皆有之，每个人都具有不同的个性，也都具有不同的优缺点，每个人都在乎外界对自己的肯定和赞扬。抓住每个人的个性，赞美他们的优点，是协调人际关系的有效手段之一。真诚的赞美，会使你获得良好的人际关系，会让你感到这个世界其乐融融。

当然，赞美别人要真心，要恰如其分，不要言过其实，说得天花乱坠，过了头的就不是赞美，而是“拍马屁”了。因人、因时、因地、因场合适当地去赞美别人，是对别人的鼓励和鞭策。例如，年轻人爱听风华正茂、有风度的赞语；中年人爱听幽默风趣、成熟稳健的赞语；老年人爱听经验丰富、老当益壮、德高望重的赞语；女同志爱听年轻漂亮、衣服合体、身材好的赞语；孩子爱听活泼可爱、聪明伶俐的赞语；病人爱听病情见好、精神不错的赞语。

取人之长，补己之短，抬着头看别人，你就会越走越高；反之，总觉得别人不如自己，高高在上，低着头看别人，你就会越走越低。善于发现别人的长处，懂得去赞美，而在赞美别人的同时，你的心灵也能得到净化，你就会发现世界无限美好，人间无限温暖。

赞美无须刻意修饰，只要源于生活，发自内心，真情流露，就会收到赞美之效。但要更好地发挥赞美的效果，也需要注意以下几个要点：

（1）赞美要具体、深入、细致

抽象的东西往往不具体，难以给人留下深刻印象。如果称赞一个初次见面的人“你给我们的感觉真好”，那么这句话一点作用都没有，说完便过去了，不能给人留下任何印象。但是，倘若你称赞一个好推销员：“小王这个人为人办事的原则和态度非常难得，无论给他多少货，只要他肯接，就绝对不用你费心。”那么由于你挖掘了对方不太明显的优点，给予赞扬，增加了对方的价值感，那么赞美的作用就会很大。

（2）态度诚恳，热情洋溢

漫不经心地对对方说上一千句赞扬的话，也等于白说。缺乏热情的空洞的称赞，并不能使对方高兴，有时还可能由于你的敷衍而引起对方的反感和不满。

（3）赞美多用于鼓励

鼓励能让人树立起自信心。自信是成功的一半，用赞美来鼓励对方，能达到事半功倍的效果，尤其在“第一次”。无论任何人做任何事情，都有第一次的时候，如果对方第一次做得不好，你应该真诚地赞美一番：“第一次有这样的表现已经很不容易了！”别人会因为你的赞美而树立信心，下次自然会做得更好。

对别人的赞美要客观、有尺度、出于真心，而不是阿谀奉承、刻意恭维讨好，这样做会适得其反，会引起别人反感。赞美之辞既是对别人成绩的肯定，使听者感受到自己存在的价值，又能激发他人努力去作出更大的成就，与此同时自己也能获得无限的快乐。

作为一个聪明的女人，不论在生活中遇到什么难题，切忌不要一味地唠叨跟抱怨，要学会先调整好心态，用一个和善的态度去面对。其次，就是要学会利用“赞美”这一武器，在你赞美别人的同时，你会发现原来事情比你想象中的要好办得多。

赞美的力量，不仅仅可以帮你解决难题，更能让你发现，周遭的一切会因为赞美而变得友善，而变得美好！

第三章

巧妙说服，有说服力的女人气场足

气场强大的女人不仅口才了得，还有主见，有能力。当她们想要说服别人为自己办事，或者想要改变别人的某些想法时，总是能轻而易举地达到目的。当然，这均与其巧妙的语言技巧密切相关。

1. 用暗示达到说服的目的

每一个成功的女人都有很强的说服力。具体点说，就是很会用暗示来达到说服的目的。

暗示的说服方法，就是人与人之间相互影响的一种特殊方式。暗示者出于自己的目的，采取隐晦、含蓄的语言，巧妙地向对方发出某种信息，并以此来影响对方的心理，使其不自觉地接受一定的意见、信息或改变自己的行为。

通常懂得运用暗示说服他人的聪明女人，总是有理有据，让听者心服口服，而不会不加掩饰地直接道出本意。其手段之高明，效果之明显，都是值得其他女人效仿的。

克莉丝是美国珠宝界的名媛。她从很小的时候就开始从事珠宝买卖的工作，现在，她已经拥有了以自己名字命名的珠宝品牌和多家珠宝店。而她真正开始在珠宝界小有名气，不是因为她的鉴赏能力或销售手段，而是从一次成功劝服偷戒指的小偷主动归还失物开始的。

美国经济大萧条时期，19岁的克莉丝好不容易才在一家高级珠宝店找到了一份销售珠宝的工作。这天，店里来了一位衣衫褴褛的青年人，只见那人满脸悲愁，双眼紧盯着柜台里的那些宝石首饰。这时，电话铃响了，克莉丝去接电话，一不小心碰翻了一个碟子，有六枚宝石戒指落到地上。她慌忙拾起其中五枚，但第六枚怎么也找不着。此时，她看到那位青年正神色慌张地向门口走去。顿时，她意识到那第六枚戒指在哪儿了。当那青年走到门口时，克莉丝叫住他，说：“对不起，先生！”

那青年转过身来，问道：“什么事？”

克莉丝看着他抽搐的脸，一声不吭。

那青年又补问了一句：“什么事？”

克莉丝这才神色黯然地说：“先生，这是我的第一份工作。现在找工作很难，是不是？”

那位青年很紧张地看了克莉丝一眼，抽搐的脸慢慢浮出一丝笑意，回答说：“是的，的确如此。”

克莉丝说：“如果把我换成你，你在这里会干得很不错！”

终于，那位青年退了回来，把手伸给她，说：“我可以祝福你吗？”

克莉丝也立即伸出手来，两只手紧握在一起。克莉丝仍以十分柔和的声音说：“也祝你好运！”

那青年转身离去了。克莉丝走向柜台，把手中握着的第六枚戒指放回原处。

这原本是一起盗窃案，按照人们一般的处理方法，不外乎大喊大叫，设法抓住偷窃者。而这位克莉丝却用一番彬彬有礼的言语暗示，达到了使小偷归还偷窃物的目的。那小偷也没有当众出丑，非常体面地改正了自己的错误。试想一下，如果克莉丝按照常规大喊大叫，能有这样的结局吗？绝对不可能，说不定她还会为此受到伤害。

小刘初中毕业就辍学在一家饭店当服务员。工作中她拾到一部顾客遗失在店内的手机，早就渴望有一部手机的她想悄悄据为己有。领班的张大姐发现了，她知道小刘没有上交的意思，于是对小刘行为的严重性进行了一番暗示。

张大姐说："小刘，你知道什么叫'不劳而获'吗？"

"不知道！"小刘嘟着嘴回答。

张大姐说："你看，'不劳而获'是不经过劳动而占有劳动果实。说得确切点是占有别人的劳动果实！"

"我可不懂那么多。"小刘有点不耐烦了。

张大姐耐心地问："你说，抢别人的东西是不是'不劳而获'？"

"是的。"

"你说，偷别人的东西是不是'不劳而获'？"

"当然是的！"

"那么，拾到别人的东西据为己有是不是'不劳而获'呢？"

"这，这……当然……"小刘语塞。

张大姐顺势教育道："拾到别人的东西据为己有和偷、抢来的东西，在'不劳而获'这一点上是相通的。除了遵守国家法律，我们还应有一定的社会公德，再说店里也有工作守则，拾到顾客遗失的物品要交还。你小小年纪，可不能犯糊涂啊！咱自己想要手机，就要靠自己的能力挣钱买，那样才用得理直气壮哩！”

最后，小刘主动把手机上交了。在这里，张大姐没有振振有词地同小刘理论，而是暗示小刘要小心“不劳而获”的严重影响，再由大及小，从面到点，步步推进，切入实质性问题：拾到东西据为己有，同偷、抢一样是“不劳而获”。最后又回到小刘想把手机据为己有的想法上，说服她想要手机就要靠自己的能力去买，而不是占有别人的。

说服别人，不要从关键点出发，因为那个点恰恰是你们冲突的焦点。如果你直接要求对方不能怎么样，很容易引起对方的逆反心理，不仅让对方难以接受，还会和你对抗到底。最好的方法是不动声色地暗示，不点破他，只是提醒他，最终让他一步步地回到你想要说服他的关键点上来。

2. 攻心，让对方心悦诚服地接受

聪明女人的说服之道，就是在说服的过程中，对被说服者采取攻心的策略，让被说服者适应心理渐变的过程。运用“层渐递进”的说服技巧，从理论上讲，符合心理学的基本规律；从实践中看，只要运用得恰当巧妙，就能取得理想的说服效果。

长孙皇后是唐太宗李世民的妻子，她贤良淑德，一直在背后辅佐唐太宗，让他没有后顾之忧。她曾经就用这个方法向唐太宗谏言，救了一个马夫。据说唐太宗有一匹骏马，他特别喜欢它，于是长期养在宫中。然而有一天，这匹马突然死了。唐太宗勃然大怒，一气之下就要杀掉马夫。这时，长孙皇后劝他道："从前齐景公因为马死的原因要杀马夫，晏子控诉马夫的罪行说：'你把马养死了，这是第一条罪状；你使得国王因为马的原因杀人，老百姓知道了，必定怨恨国君，这是你的第二条罪状；诸侯知道这件事，必定会轻视我们国家，这是你的第三条罪状。'结果齐景公赦免了马夫。陛下读书曾见过此事，难道你忘记了吗？"

唐太宗听了后恍然大悟，平息了怒火，对皇后非常赞赏。

这里，长孙皇后因为知道唐太宗敬仰古代先贤，就抓住他的心理，采用攻心之术，利用了相似的历史来劝谏唐太宗。齐景公和唐太宗都是一国之君，又都死了马，还都要处死马夫，这真是惊人地相似。皇后就是引用了"晏子谏齐景公杀马夫"这一史实，让唐太宗平息了怒火，清醒过来，放弃了杀马夫的错误决定。

灵活运用攻心之术来说服他人，可以收到更好的说服效果。像长孙皇后这样善于攻心的聪明女人，在历史上还有很多，但说服人的这种方法无论在古代还是现在，都一样管用。

刚刚25岁的苏珊娜继承了父亲在美国的一家影片进出口公司。有一次，苏珊娜到英国去洽谈生意，被一家伦敦的公司邀请看该公司正在研制的一种电视试播，也就是今天的闭路电视。苏珊娜很快对这种设备产生了莫大的兴趣，于是她也组织了一班人研究闭路电视。

苏珊娜的这个研发组有三位主要专家，其中有一位叫史密斯的，脾气很坏，动不动就和别人吵架。所有研发组的人几乎都和他吵过，当然苏珊娜也不例外。可是后来发生了一件小事，让他对苏珊娜很感激，从此言听计从。

有一天，为了一个实验问题，史密斯又同研制组的另一位助手吵开了。他很愤怒地又是拍桌子又是摔东西。苏珊娜过去劝阻，结果也被大骂了一顿。正在这时，史密斯的小女儿走进了实验室。小女儿看见她爸爸大动肝火的样子，吓得哭了出来。史密斯见此，也顾不得同别人吵架，赶紧跑过去哄着她。

见此情景，苏珊娜眼前一亮。她发现史密斯竟然对留在他身边的小女儿一直是百依百顺，可以看出这小女儿是他的精神寄托。于是，苏珊娜立刻为他在公司附近租了套很漂亮的房子，好让他和女儿一起生活。本来苏珊娜手头就有点紧，又为史密斯做了这些，史密斯心里过意不去，所以坚持不肯搬。

苏珊娜见他这样，就说："搬不搬家，恐怕由不得你了。"

"什么？"史密斯不禁提高了嗓门，"我自己不愿搬，你还敢强迫我不成？"

"我当然不能逼你，不过，你的女儿已替你做主了。"苏珊娜继续说，"她说你心境不好，容易发脾气，这会伤身的。如果她能住在附近照顾你，你就不会发脾气了。起初，我也拿不定主意，可是她最后还说：‘我爸爸多可怜呀，我不能让他再忍受孤独了。’”

一番话，说得史密斯热泪盈眶，最终听从了苏珊娜的安排，住进了新居。

苏珊娜这番话，用的就是攻心之法。她利用了史密斯对其女儿的疼爱，让史密斯对她心怀感激，当然也就很轻易地接受自己的意见了。

聪明女人很明白，一味地和对方争吵辩解，只会激起对方同样的好胜心理和排斥心理，对说服对方一点好处都没有。要想说服对方还得先攻心。只有攻进对方心里了，才能让对方更轻易地接受你的观点。而要想攻进对方心里，就必须设身处地为对方着想，了解对方的态度和观点。这样才能轻易地攻占对方的心，同时让对方心悦诚服地被说服。

3. 态度决定你的说服效果

聪明的女人们在碰到那种思想固执、保守，刚愎自用，什么事都认为自己才是正确的，不愿意接受别人正确善意的意见的人时，会更多地注意自己的说服态度，让他觉得这个正确的意见是他自己想出来的，这样自然就能潜移默化地说服他。

艾薇儿是英国一位著名的女工程师。她工作的地方有一个刚愎自用的工头，觉得艾薇儿是个女孩没本事，所以总认为只有自己的意见才是对的，艾薇儿的都是错的。

一天，艾薇儿想在其负责的工段更换一个新式的指数表，但她想那个工头肯定不会同意，于是她就想了一个计策。她在腋下夹了一只新式指数表去找那个工头，手里还拿了一些征求意见的文件。然后艾薇儿和他讨论那些文件，在讨论的过程中，艾薇儿把那只指数表从左腋换到右腋，反复移动了好几次。

那工头见此，终于忍不住开口说："让我看一看。"

"哦，你看它做什么，你们部里又不用这个。"艾薇儿故作很勉强的样子将指数表递给了他；然后趁他审视的时候，装作很不在意的将这东西的效用很详细地告诉了工头。那位工头听后很激动地说："我们部里用不到这东西吗？天哪！这正是我早就想要的东西！"

艾薇儿深知工头的习性，如果直接告诉他这是给他用的，他一定不会接受；于是就以漫不经心的态度先说新式指数表的好处、作用，将它潜移默化地灌入工头的脑子里。就是这种欲擒故纵的手法，毫不费力地让工头接受了自己的建议，巧妙地达到了自己的目的。

聪明女人在说服他人时，如果双方进入僵持的状况，自己的说服态度就会显得更至关重要。态度不仅要诚恳，还要友好而明确地摆明利害关系来说服他人。

露西是美国耶鲁大学矿冶专业的高才生，她毕业之后，又进德国的佛莱堡大学深造，并且拿到了硕士学位。本来，她认为凭她傲人的文凭能很快找到工作；然而，当她来到美国西部的一个大矿找工作时，却发现并不是自己想象中的那么简单。

露西按照预约的时间，走进大矿主的办公室，准备面试。她一开始就先把自己的文凭递了上去，心想对方看了之后一定会感到满意。可大矿主因为她是个女孩，所以对她不但一点儿兴趣都没有，而且还拒绝了她的求职要求。

于是露西就问为什么，而大矿主不想承认自己嫌弃她是个女孩，就找了一个借口回答说："露西小姐，正因为您有硕士学位，所以我就不能聘用您。我知道，你们学了系统的理论，可那些东西并没有什么实用价值，我可用不着这种花架子的工程师。"

其实除了露西是个女孩这个原因以外，大矿主的话也的确是他的心里话。这位大矿主是工人出身，没有什么学历，他是凭借自己的能力一步一步地从基层提拔上来的，后来成为大矿的掌门人。此人生性耿直，脾气还很拗，由于自己没上过大学，所以也不喜欢有学历的人。尤其对那些只会讲大套理论的工程师，他更是没有一点的好感。面对这种情况，聪明的露西脑子一转想出了一条计策。她开始改变说服的态度，以缓解这种尴尬的气氛。

露西微笑着说："大矿主先生，我想向您透露一个秘密，可您得事先答应我的一个条件——不告诉我父亲。"大矿主对她的话感到很好奇，表示决不会泄露。

"说真的，我在德国佛莱堡大学的三年时间一直是在混日子，什么东西也没有学到。”露西小声地告诉对方。一听完这话，大矿主的脸马上由“阴”转“晴”，哈哈大笑起来，然后当场拍板：“很好，您被录用了，明天就可以来上班。”

由这个故事可以看出，露西最后之所以能说服大矿主获得录用，就是因为她了解矿主的心理，改换了让他更能接受的态度。从另一个方面入手，瓦解对方的心防，这实际上也是种以退为进的方式。

为人处世需要审时度势。说服他人也一样，一定要注意采取被说服人更能接受的态度去找到切入点，缓和僵持的状态，最终达到说服的目的。

4. 把说服建立在恭维的基础之上

越是聪明的女人，在说服别人的时候，越是不会硬来，更不会伤了对方的自尊。多说一些恭维他的话，让他高兴要比说一些激烈的言辞效果好得多。当然，也不是让你低三下四地哀求别人。这是一场智斗，是一种心理上的较量。

伊莎贝拉公司承包了一项预定于一个特定的日期之前，在华盛顿建立一幢庞大的办公大厦的建筑工程。一切都照计划进行得很顺利，大厦已接近完工。突然，负责供应大厦内部装饰的铜器承包商宣称，他们无法如期交货。这可怎么办？如果他们真的不能如期交货，整幢大厦都就不能如期交工，公司也将承受巨额罚金。然而不管是打长途电话跟对方争执还是会谈，都没有任何效果。这时候，伊莎贝拉奉命前往华盛顿，当面说服铜器承包商。

“你知道吗？在阿布逊克区，有你这个姓名的，只有你一个人。”伊莎贝拉一走进那家承包公司董事长的办公室，就立刻这么说。

“不，我并不知道。”董事长惊讶地说。

伊莎贝拉说，“今天早上，我下了火车之后，就查阅电话簿找你的地址。在阿布逊克的电话簿上，有你这个姓的，就只有你一人。”

“我一直不知道。”董事长说。他很高兴竟然有人为他查阅电话簿。“嗯，这是一个很不平常的姓，”他自豪地说，“我这个家族从荷兰移居纽约，已经200多年了。“

于是，以后好几分钟的时间，这位董事长都在说他的家族及祖先。一直等他说完之后，伊莎贝拉才恭维他拥有一家很大的工厂，并且说她以前也拜访过同一性质的工厂，但跟他这家工厂根本没法比。

“我从未见过这么干净整洁的铜器工厂。”伊莎贝拉如是说。

“我花了一生的心血建立这个事业，”董事长说，“我对它感到十分骄傲，你愿不愿意到工厂各处去参观一下？”

在参观中，伊莎贝拉又不失时机地恭维他的组织制度健全，并跟他谈论为什么他的工厂看起来比其他的竞争者高级。伊莎贝拉还对一些不寻常的机器表示赞赏，这位董事长就骄傲地宣称是他自己的发明。然后他花了不少时间，向伊莎贝拉说明如何操作那些机器，以及它们的工作效率多么良好。最后，他坚持请伊莎贝拉留下来吃午饭。一直到此时，伊莎贝拉都没有提到过这次会面的真正目的。

午饭后，这位董事长说："现在，我们谈谈正事吧。自然，我知道你这次来的目的。我没有想到我们的相会竟是如此愉快。你可以带着我的保证回到华盛顿去，我保证你们所有的材料都将如期运到，即使其他的生意都会因此延误我也不在乎。"

伊莎贝拉没有一开始就直接提要求，而是先恭维、赞扬了对方一番，让对方感到高兴，产生兴趣跟她聊下去，甚至留她吃午饭继续聊，拉近了两个人的距离。最终，伊莎贝拉还没开口要求就得到了想要的东西。那些器材及时运到，大厦也如期完工。

在说服他人过程中，采用恭维、抬高的方式，让对方感到高兴后自然而然地愿意接受自己的意见，是聪明女人惯用的说服手段。其效果非常显著，大家不妨一试。

5. 激发对方的同情心

通常在说服对方的时候，往往会让人产生一种防范心理，这种防范是成功说服对方的阻碍。而聪明女人在说服别人，尤其是强势的男人的时候，正好可以利用自身的“弱”这种特质来博同情，消除对方的防范心理。

“弱女子”才是真正厉害的说客。当聪明女人想要说服很难被说服的对象的时候，就会用争取同情的办法，激发对方的同情心，以弱克强，从而达到预期的效果。

有一个住在偏远山区的小姑娘，不幸被拐到了一个大城市卖淫。当天晚上，就有人打开了这个小姑娘的房门，是一个看上去很强壮的中年男人。看到他走进来，小姑娘的心跳都快停止了。但是她强忍住害怕，很快地镇静下来，机灵地叫了声：“伯伯！”

那个中年男人听到这个称呼一愣，人好像被定住了一般不动了。见他这样，小姑娘小心翼翼地又说道：“我一看伯伯就是好人，看你的年龄与我爸差不多，可我爸就比你苦多了，他在乡下种田，去年插秧苗时，他热得中暑……”小姑娘越说越悲伤，说着说着，眼泪就哗哗地流下来。那位中年男人见此情景，脸涨得通红。他沉默了一会儿，低低地说了一句：“谢谢你，小姑娘。”然后打开门走了。

面对这个中年男人，小姑娘显然是绝对弱小的一方。如果硬来的话肯定收不到成效，也许还会带来负面的效果。所以这个小姑娘聪明地先用一句“伯伯”的称呼拉开两人的年龄距离，同时让对方想起了自己同样处在这个年龄的孩子。一句称呼就让对方同情的种子开始萌芽，接着小姑娘又不失时机地说起自己的父亲，声情并茂，进一步感动对方，强化对方的同情心。这样一番攻势下来，对方想不被她说服都难。

聪明女人在说服他人的时候，总是会适当地运用争取同情的方法，得到意想不到的效果。尤其是面对比自己强的人时，这种方法能激起对方保护弱小的冲动，心甘情愿地听你支配。

有一位女出租车司机，把一个青年男子送到指定的偏僻地点后，对方突然掏出一把尖刀，逼她把所有的钱都交出来。在这种一触即发的危险情况下，她装作害怕的样子交给歹徒300元钱，说："今天就挣这么点儿，要嫌少就把零钱也给你吧。"说着又拿出了一把零钱。歹徒见这位女司机这么爽快，觉得很吃惊，就愣了一下。这位女司机趁这个机会说："你家在哪儿住？我送你回家吧。这么晚了，家人该等着急了。"歹徒见这司机没反抗，就把刀子收了起来，还让这位女司机把他送到火车站去。

女司机见气氛缓和了下来，就不失时机地启发歹徒："我家里原来也非常困难，咱又没啥技术，后来就跟人家学开车，干起这一行来。虽然挣钱不算多，可日子过得也不错。何况自食其力，穷点儿谁还能笑话我吗？"歹徒沉默不语。女司机看了看他又接着说："唉，男子汉四肢健全，干点儿啥都差不了，走上这条路一辈子就毁了。"

到了火车站，眼看歹徒就要下车了，这位女司机又诚恳地说："我那些钱就算帮助你的，用它干点正事，以后别再干这种见不得人的事了。"开始一直都没说话的歹徒听了这番语重心长的话后，终于忍不住哭了。他把300多元钱往司机手里一塞说："大姐，我以后饿死也不干这事了。"说完，头也不回地走了。

这位女司机就是用了这种消除对方防范的策略，让那个歹徒逐渐被感化、被说服，最后不但把抢的钱还给了女司机，还向她保证以后再也不会做这种事情，可见这位女司机是一名成功的说客。

6. 说服时要给对方留足面子

许多人把面子看得比什么都重，所以，会说话的聪明女人在说服别人的时候，懂得给人留面子，在必要的时刻给对方一个台阶下。

聪明女人在说服对方改变主意的时候，一定不会揭穿他人的谎言，免得使人下不了台。为了不伤人面子，你可以在谈话中给对方铺台阶，可以假定双方在一开始时没有掌握全部事实。

一般情况下，聪明女人会这样说："当然，我完全理解你为什么会这样想，因为你那时可能还不知道有这回事。在这种情况下，任何人都会这样做的。"或者"最初，我也是这样想的，但后来当我了解到全部情况，我就知道自己错了"之类的。

一位顾客来到一家百货公司，要求退回一件外衣。她已经把衣服带回家并且穿过了，只是她丈夫不喜欢。她辩解说"绝没穿过"，要求退换。

女售货员汤晓卉检查了外衣，发现有明显干洗过的痕迹。但是，直截了当地向顾客说明这一点，顾客是绝不会轻易承认的，因为她已经说过“绝没穿过”，而且精心伪装过没有穿过的痕迹。这样，双方可能会发生争执。

于是，机敏的汤晓卉说：“我很想知道是否你们家的某位成员把这件衣服错送到干洗店去。我记得不久前我也发生过一件同样的事情。我把一件刚买的衣服和其他衣服一起堆放在沙发上，结果我丈夫没注意，把这件新衣服和一大堆脏衣服一股脑儿塞进了洗衣机。我怀疑你是否也会遇到这种事，因为这件衣服的确看得出已经被洗过的明显痕迹。不信的话，你可以跟其他衣服比一比。”

顾客看了看证据，知道无可辩驳，而汤晓卉又为她的错误准备好了借口，给她一个台阶——说她是在不注意的时候，把衣服放进了洗衣机。于是顾客顺水推舟，乖乖地收起衣服走了。售货员汤晓卉的话说到顾客心里去了，使她不好意思再坚持，一场可能的争吵就这样避免了。

有一位女老师曾遇到过这样一件事：

下课了，陈心仪向老师反映，昨天她爸爸作为生日礼物送给她的一支黑色派克钢笔不见了。老师巡视了一下全班同学的表情，发现坐在陈心仪旁边的学生神情惊慌，面色苍白。

于是，这位女老师明白了一切，但如果当面指出，不仅没有证据，还会伤害这位同学。于是，她想了想说：“别着急，肯定是哪位同学拿错了，黑色的钢笔实在太多了，互相拿来拿去是经常发生的事。只要等会儿她看清楚了，一定会还给你的。”果然，下课以后，陈心仪就发现自己的钢笔又回来了，不禁感叹老师真是料事如神。

人们通常会为谎言寻找各种借口。精于人际之术的聪明女人知道，想戳穿对方的谎言，不仅必须使他相信你，而且必须懂得如何把他从自我矛盾中解救出来，说得他心服口服，体面地收起那套鬼把戏。

7. 诱导说理，巧妙劝服

所谓诱导，就是有次序地、耐心地诱发、引导对方思考，让人真正想通、弄懂。诱导说理，心平气和，步步引导，耐心商讨，别人易于接受。

聪明的女人总是认为：登山之路，迂回曲折，虽多绕了一点儿路，却能顺利到达山顶。所以她们更钟爱诱导式的劝服，尽管多费一点儿口舌，但能使对方心悦诚服。这些口舌费得有价值。

聪明女人的诱导是有目的的。要明确地说明目的，有的放矢，所有诱导内容都要紧紧地为总目的服务。

相传古时，有一位父亲得知儿子染上了赌博的恶习，便给他写了一首戒赌诗，以诗说理规劝。诗曰：“贝者是人不是人，只因今贝起祸根。有朝一日分贝了，到头成为贝戎人。”儿子看后，不解其意。父亲给他一一指出：“贝者是赌，今贝是贪，分贝是贫，贝戎是贼。”“赌→贪→贫→贼是每一个赌博之徒的必由之路。”儿子听了，立刻醒悟，弃赌从良，自食其力。

这位父亲劝子戒赌方法巧就巧在：第一，以诗劝子方法新颖，让儿子去思考其中的含义；第二，当儿子百思不解时，一语道破诗意，道出“赌博必定贫穷，强盗出于赌博”的道理，使儿子恍然大悟。这种有目的的诱导方法往往能收到较好的劝说效果。

聪明女人的诱导是有诚意的。诚恳开导，不讽刺，不挖苦，这样才能使对方心悦诚服。此法的好处是容许被说服者在接受说服的过程中，存在一个认识过程，获得一些全新的知识。

美国费城电气公司的推销员丽丝到一个州的乡村去推销电。她叫开了一所富有农家的门，户主是一位老太太。她一开门见到是电气公司的，就猛然把门关上。丽丝再次叫门，门勉强开了一条缝。丽丝说：“很抱歉，打扰您了。我知道您对电不感兴趣，所以这一次登门并不是来向您推销的，而是来向您买些鸡蛋。”老太太消除了一些戒意，把门开大了一点儿，探出头，用怀疑的目光看着丽丝。丽丝继续说：“我看见您喂的明尼克鸡种很漂亮，想买一打新鲜的鸡蛋带回城。”接着充满诚意地说：“我家的鸡下的蛋是白色的，做的蛋糕不好看，所以，我来买些棕色的蛋。”这时候，老太太从门里走出来，态度比以前温和了许多，并且和丽丝聊起了鸡蛋的事。丽丝指着院子里的牛棚说：“老人家，我敢打赌，您养的鸡肯定比您丈夫养的牛赚钱多。”老太太被说得心花怒放。长期以来，她丈夫不承认这个事实。于是她把丽丝视为知己，并高兴地把她带到鸡舍参观。丽丝一边参观，一边赞扬老太太的养鸡经验，并说：“您的鸡舍如果能用电灯照射，鸡的产蛋量肯定还会增多。”老太太似乎不那么反感了，反问丽丝用电是否合算。丽丝给了她圆满的回答。两个星期后，丽丝在公司收到了老太太交来的用电申请书。

丽丝之所以能说服固执的老太太，诀窍就在于她不急于求成，而是采用了由小到大、招招紧逼的说服方法，一步一步具体而又细致地为对方剖析情势，为其出谋划策，这就一步一步地把双方的心理距离拉近了，促使老太太的态度一点一点地发生改变，最终取得了成功。

聪明女人的诱导是有步骤的。既有总体设计，又有分步计划。每一步怎样诱导、怎样发问，谈话前都经过深思熟虑，胸有成竹。这样，环环紧扣，步步深入，最后矛盾凸显，诱使对方在无法解决的矛盾面前自我否定。

中学生小张，其父母均在国外工作，自己随同外婆生活，学习上对自己要求不高，上课时爱找邻近的同学讲话，老师多次教育也不改正。于是班主任周老师找他谈话，周老师说：“小张，昨天物理老师说你这次物理成绩相当不错，同上一次比起来进步很大。今天老师打电话告诉你外婆了，外婆听了很高兴。老师也很高兴。这说明只要通过自己的努力，学习可以进步，成绩能够提高。你爸爸妈妈一直在国外工作，长期以来，你都能够很好地照顾自己，有时还能帮外婆做点事情，说明你有相当强的自理能力，这在我们班级中也是很不错的。最近老师的工作较忙，对你的关心也比以前少了，这是老师工作上的疏忽。今天老师找你来，是想了解一下最近这些日子，你的情况怎么样，是不是达到了上次你对自己提出的要求。你能告诉老师吗？”小张不好意思地说：“不太好。”周老师则进一步诱导：“的确，我们学习中免不了要犯这样那样的过失，要改掉它也不是一下子的事情。今天既然到老师这儿来了，能不能和老师一起探讨一下？咱们一起找出这种现象的根源，然后努力克服它，你说好吗？”

接下来，老师和学生间开始了相互友好的沟通。一方面老师指出上课违纪的危害性，另一方面学生也谈出了自己对问题认识不足以及自我要求不严的毛病。最后老师进一步提出更高要求，并寄予厚望，学生愉快地接受了老师的劝告。

在这里，周老师对缺乏自制力的学生小张就采用了由优点说到缺点，由副题引入主题，由关心询问到互相探究，层层递进，步步深入，最后才接触实质性问题的方法。由于周老师对症下药，方法得当，循循善诱，苦口婆心，终于取得了说服的成功。

第四章 风趣幽默，让女人魅力四射

幽默能展示一个人的智慧，是人与人交谈的润滑剂。一个温柔、妩媚的女人，如果能在她的言语之中恰到好处地加入一点幽默，不仅能化腐朽为神奇，无疑更能使她魅力四射。

1. 幽默让女人更有味道

什么是女人味？也许是一个温柔的眼神，也许是一个优雅的姿势，也许是一个浅浅的笑意，也许是一句淡淡的问候，也许是一个无言的关怀，也许是一个体贴的举动，也许是一次善良的帮扶，也许是一个理性的反应，也许是不经意流露出的品位，也许是处乱不惊的宁静心态，也许是笑对人生的淡泊情怀。不同的眼光，有着不同的认识和理解。

女人的味道，是女人的内涵，女人的神韵。女人有味道，三分漂亮可增加到七分；女人无味道，七分漂亮可降落到三分。

女人可以不漂亮，但不能没有味道；女人可以宽容，但不能粗糙；女人要母性，但不能絮絮叨叨；女人可以没有高学历，但不能没有知识；女人可以没有金钱，但不能没有自尊；女人可以没有力气，但不能没有善良；女人可以没有权威，但不能没有道德修养。只有懂得不断修正完善自己的女人，才能优雅地活到老。

幽默是女人心灵的光辉与智慧的结晶，每当遭遇尴尬时，幽默的女人会进行调剂。这不但会使她与周围的人气氛轻松活跃，还能为她的生活、工作带来意想不到的收获。

曾经有人把幽默归结为一种魅力商数，一个女人如果拥有了幽默的特质，她不仅能在不知不觉中增加自己的魅力，而且能为她周围的环境带来和谐的气氛，因为幽默的女人往往通过会心一笑来填补人际间的思想沟通，联结人与人之间的情感，增进彼此间的相互信任，只要幽默得体适时，就能轻松神经，活跃气氛，创造出和谐美好的环境，置身于这种环境，我们交往起来才能心情舒畅，精力充沛。

女人的幽默可以化解尴尬，可以妙语惊人。

记得有一次竞选“香港小姐”时，主考人向某小姐提了个特别的问题：“你愿意嫁给肖邦还是希特勒？”这位小姐笑着回答：“我愿意嫁给希特勒。”全场愕然。小姐接着说：“假如我嫁给希特勒，也许就不会发生第二次世界大战。”满堂为之喝彩，该小姐一举夺魁。假如她说愿意嫁给肖邦，这原本在观众的意料之中，她就不会获得满堂喝彩的轰动，而她说愿意嫁给希特勒并能阻止二战，则大大出乎观众的思维定式，幽默不但使她平添了几多魅力，更使她戴上了众多竞争者梦寐以求的桂冠。

幽默的女人是智慧的，因为幽默更具备一定的文化底蕴，兼具才气与灵气，也就是所谓的智慧。幽默的女人总是乐观的，因为幽默的人的机智反应并非只是能言善道，也是一种快乐、成熟的达观态度，当她身居险境之时，并不会因此沉沦丧志，总能开朗豁达，从容不迫，笑对人生，从而领略到人生的别样风景。幽默的女人总是有品位的，欲求幽默，必先有深远之心境，不为浮名，不做作滥调、不扭捏作态，淡雅超脱而率真，比那些爱慕虚荣、迂回忸怩，惺惺作态的女子不知要可爱多少倍。她会用带笑的心去体会生活，化解生活路上的一切问题，这样的女人，必然自在、自信、优雅。

一般来说，幽默是一种引人发笑和发人深思的诙谐而滑稽的言行。幽默最能引发笑声，带来愉悦的氛围，在这样的环境中，烦恼变为欢畅，痛苦变为愉快，尴尬变为融洽。

有一对小夫妻，为了一点小事争吵起来，各自认为对方无理，互不相让。不过，他们也没有喋喋不休地唇枪舌剑一味争吵下去，而是憋着一肚子气，以致互不理睬。

三天过去了，夫妻俩仍然互不说话。他们就这样僵持着，谁也不想先开口找话说，都觉得先开口等于承认自己的软弱，而且对方以后可能会得寸进尺。

可是，夫妻之间本来就没有什么大的利害冲突，他们心里还是希望和好的。这时候，如果有一个双方的朋友来劝解一下，那两个人和好就容易一些。遗憾的是，别人并不知道他们在互相生气，他们也不想让其他人知道，毕竟家丑不可外扬嘛。尽管如此，他们都在心里寻求着和解的办法。

妻子突然计上心来，她拉开衣橱，翻了一阵又关上，然后又去书桌抽屉里东翻西找……最后，满屋子的橱柜、抽屉都被她翻了个遍，也没见她找到什么东西，于是又从头仔细地再寻找。

丈夫感到很纳闷，终于忍不住问道："你在找什么呀？"

"找你的声音！"妻子佯装恼怒地回答。

丈夫忍不住笑了起来，就这样，夫妻俩又和好如初了。

运用幽默语言进行善意的批评，既达到了批评的目的，又避免了使对方难堪的局面。幽默可谓人际交往的润滑剂。学会恰当地运用幽默，会使人与人之间的沟通更加顺利，人际关系更加和谐。幽默是我们生活的调味料，它使我们的生活更加有滋有味。但是，再好的调味料都不可滥用，就好比用盐，用一点可以使菜味鲜美，但用得过多便会让人难以下咽。在沟通时，幽默只有运用得当，才可发挥它的魅力。

2. 幽默的女人有修养

在我们日常生活中会经常出现许多意想不到的尴尬局面，有些出于自身，有些来自他人。但只要注意多一些幽默，尴尬反而会成为意想不到的收获。因为幽默具有极大的亲和力，它不仅可以使人轻松摆脱尴尬，更可以树立自己的形象，增加自己的人格魅力和吸引力。

幽默是一种修养。这是文明古国对人高素质的要求，是现代文明的呼唤。在日常生活中，人们之所以常常对绅士刮目相看，就是因为绅士常常为人们撑起一片风和日丽的天空，散发着优雅的文明气息，给人以平和安宁之感。

一举手一投足，一颦一笑，都能看出一个女人的修养。台湾的一位教授李甲孚说："她的造型那么自然端庄，她的身材那么健康修长，她的举止那么动人大方，她说话的声音那么悦耳动听，她的表达能力那么清晰机警，她的智商知识那么充实丰盈。

这是我心目中的现代妇女形象，也衷心渴盼妇女们有此修养。”

很久未见的一对青年男女，意外在街角邂逅。他们曾经是恋人，后来因为各种原因分手了。他们决定去一家咖啡厅里坐坐。

在等待咖啡端上来的时间，也许是要说的话太多却不知从何说起，双方之间出现了短暂沉默。这时，女的问：“你搅拌咖啡的时候用右手还是左手？”

男的答：“右手。”

女的说：“哦，你好厉害哟，不怕烫，像我都用汤匙的。”

一句玩笑，场面顿时活跃起来了。他们开始谈现在、过去，以及过去的过去。

当气氛陷入凝固时，生涩的沟通链条上适用的最佳润滑剂叫“幽默”。

在一次有关产品开发方向的会议中，火爆的争论之后，突然出现没有人发言而陷入冷场的僵局，主持会议的王经理忙说了一句：“怎么突然停电了？”短暂“停电”的各位与会人员听了，皆莞尔一笑，之后继续各抒己见。

幽默是活跃谈话气氛的法宝，它能博得众人的欢笑。人们在捧腹大笑之际，超脱了习惯、规则的界限，享受不受束缚的“自由”和解除规律的“轻松”，接下来的沟通自然会轻松愉快。

很多时候，那些相敬如宾的夫妻未必就没有矛盾，而平日吵吵闹闹的恋人可能会更亲热。社交也是如此。若彼此谈得开心，开句玩笑，互相攻击几句，打一拳、拍两下，反倒显得亲密无间、无拘无束。

和朋友久别重逢后不免寒暄一番，你完全可以借此幽默一把。例如，见到一个戴了帽子的朋友，你可以用羡慕的口气对他说："老兄，你真的是帽子向前，不比往年啊！"轻松幽默的话语立马使整个气氛变得异常活跃，友情会加深一层。

幽默是一种智慧的体现。幽默者不仅是为了摆脱困境、保护自己，更是为了塑造自我、完善自我。好多事情只要多用一点儿幽默的方法去处理，便能变被动为主动，变严肃为欢快。幽默本身就是一门学问，一门艺术，一种智慧。

幽默虽不能影响人们的衣食住行，但一定程度上起到了一种调味品的作用。它可以使周围的环境更融洽，使家人及其自己身边的人都能保持轻松愉快的心情，让平凡生活充满欢声和笑语。生活离不开幽默，幽默是为了更好地生活。

3. 幽默的女人更有智慧

一个懂得幽默的女人不一定美丽，但却是智慧的，而且是善解人意的。这样的女人喜欢生活，懂得用自己的方式面对困境，用微笑放松自己，用智慧的花香把自己熏陶得更加富有魅力。

有人说，一个没有幽默感的女人，就像鲜花没有香味，只有形，没有神，那外表的光鲜，让人感觉就是少了一口气。幽默风趣的语言是人的内在语言运用中的外化，在与人的沟通中，幽默能起到好多作用，如能激起听众的愉悦感，使人轻松、愉快、爽心、舒畅。在这样的活跃气氛中，便于人们交流感情，因种种原因造成的隔阂也会随之消失，大家在笑声中拉近了双方的心理距离。有幽默感的女人能激起大家谈话的兴趣，给人带来欢乐。

善于理解幽默的女人，容易喜欢别人；善于表达幽默的女人，容易被他人喜欢。幽默的人易与人保持和睦的关系。现实生活中常常不乏令人碰得头破血流仍然得不到解决的问题，但是，如果来点幽默，却往往会迎刃而解，使同事之间、夫妻之间化干戈为玉帛。幽默还能显示自信，增强成功的信心。信心有时也许比能力更重要，生活的艰难曲折极易使人丧失自信、放弃目标，若以幽默对待挫折却往往能够重新鼓起未来希望的风帆。

女人在运用幽默时，一定要表情自然轻松，只有这样，才能将幽默的轻松气息“感染”到身边每个人。一个看来满面愁容或神情抑郁的女人，是不可能真正地发挥幽默的魅力的。幽默的人生是乐趣无穷的。所以，学会和善于运用幽默，会令女人的社交生活更为丰富和快乐。

需要注意的是，幽默既不是毫无意义的，也不是没有分寸的耍嘴皮。幽默要在入情入理之中，引人发笑，给人启迪，就需要女人有一定的素质和修养。

从幽默的功效来说，其形式有多种。既有愉悦式幽默、哲理式幽默，还有解嘲式幽默、讥讽式幽默。为了达到幽默的礼仪效果，女人对待同事、朋友，宜多用愉悦式幽默和哲理式幽默；对待自我、对待友人也可以根据情况适当运用解嘲式幽默；对待敌人、恶人则要用讽刺性幽默，以便在用幽默讥讽、鞭挞对方的同时，给周围的同事、朋友以愉快。

幽默的女人，善于制造轻松愉快的氛围，她如同一条八面玲珑的小鱼，优雅迷人、人见人爱。

如果一个女人才华出众、气质高雅、美貌可爱，那就不能不聪敏幽默。没有聪敏幽默的情怀，就像鲜花没有香味一样，有形而无神，看上去总感觉差了点儿什么。

幽默是什么？王蒙说："幽默是一种酸、甜、苦、咸、辣混合的味道。它的味道似乎没有痛苦和狂欢强烈，但应该比痛苦和狂欢还耐嚼。"

幽默的女人是智慧的，是经历过动荡和挫折，经过生活的历练，仍然保持了一份达观、自信、绝不轻言放弃的生活态度。生活中无论遇到什么样的问题，经她的口轻轻一说，就云淡风轻了，生活可以从另一个角度去解读。女性的魅力就在这一来一往的言辞中，变得清晰起来，有了生动的韵味。这样的女人散发着女性真正的魅力。

爱丽丝在一个公司里任接待员，她得应付访客、电话、杂事和老板，空闲的时间还必须打字。有时，某些自以为是的人打来电话，往往给她出难题：

"我要和你的老板说话。"

"我可以告诉他是谁来的电话吗？"

"快给我接你的老板，我马上要和他说话。"

“很抱歉。他花钱雇我来接电话，似乎很傻。因为十个电话中有九个是找他的。”爱丽丝笑着说。

来电话的人也笑了，然后把他的姓名及电话号码留给了她。这样，爱丽丝既知道了是谁找老板，又没有得罪对方，她采取这种看似自嘲的幽默方式逗对方与她同笑，取得了皆大欢喜的效果。

幽默的女人，又是豁达的，对一切事物都能看得透彻，所有的问题都在笑谈中灰飞烟灭，和她的交往变得更轻松自如。

有一位叫海棠的女孩，虽然没有出众的容貌和迷人的身材，但为人性情开朗、正直、幽默，许多人一旦和她交往几次，往往就被她的幽默所吸引，不知不觉地感受到她的魅力。

有一次，海棠参加同学生日聚会，和同学们回忆着大学时代的美好生活。不料主人在招呼客人时，一不小心将一杯水打翻，全洒在了海棠的身上，把她那身新衣服都打湿了。主人不知所措，显得十分尴尬。海棠淡然地、从容镇定地说：“一般正常情况是聚会结束才能换衣服，阿姨，您成全了我，呵呵。”一句话，使满屋的人都笑了起来，难堪的气氛也一扫而光，大家对海棠都投来赞许的眼光。

在这种公共社交场合，优雅地避免了尴尬，更体现出了她们的修养和礼仪，显示出了她们的人格魅力和智慧。要提高说话的幽默感，我们可以从以下几个方面做些努力：

（1）乐观的人生态度

“幽默属于乐观者。”一个心胸狭窄、思想颓废的人不会是幽默的人，也不会有幽默感。因此，要做一个有幽默感的女人，先要做一个乐观的人。善于发现生活中的美，善于发现快乐，不管面对什么样的境地，都要持有一颗积极进取之心。

（2）良好的文化素养

一个人的幽默谈吐，是同她的聪明才智紧密相连的，而这又是同她良好的文化素养和丰富的知识紧密相连的。如果一个人对古今中外、天南地北的历史典故、风土人情等各种事情都有所了解和掌握，再加上有较强的驾驭语言的能力，说话就会生动、活泼和谐趣。这也就是为什么古今中外著名的幽默大师，往往又都是语言大师的原因了。

因此，要做一个有幽默感的女人，就要有良好的文化素养、丰富的文化知识。古今中外浩瀚的书籍中，特别是在讽刺小说、喜剧剧本、漫画集锦、笑话集和寓言等作品中，幽默语言的记述甚多，不妨多多阅读这些作品，可以从中受到启发。此外，还可以多欣赏些滑稽剧、相声等文艺节目，从而开阔眼界，丰富知识。另外，幽默也不能过于深奥，应通俗易懂，否则像猜谜一样，使人百思不得其解，也达不到娱乐的效果。

（3）敏锐的观察力，丰富的想象力

幽默的谈吐还要求言谈者思维敏捷，能言善辩，必须能够把一件平凡的事物由里往外、由外往里看个透，一两句话道出那讳莫如深的引申之意，从人们熟视无睹的现象中创造出别人所不曾问津的东西。然而这些又是对生活深刻体验和对事物认真观察的结果。敏锐的观察力不仅是从事科学研究必备的条件，也是具有幽默谈吐的重要因素。

因此，要使自己谈吐风趣，最好的办法是向生活学习。在我们的周围一定不乏开朗风趣之人，你会经常意外地发现他们巧妙地运用语言，足以令人倾倒。在接近他们的过程中，你会增强自己语言的库存和会话的才能。另外，人们对新鲜事物更感兴趣。因此，即使是很幽默的话，讲了多遍也会使人厌烦，因此应力求新颖，言人之未言，发人之未发。

（4）善意的出发点

幽默的出发点一定要是善意的。它或许带有温和的嘲讽，却不应刺伤人。切莫庸俗、轻浮，更不能混同无聊的调笑。例如，有的人嘲笑人家的生理缺陷，如口吃、跛脚等毛病，这是很不道德的；又如，有的人对男女之间的话题津津乐道、绘声绘色、哗众取宠，博得哈哈一笑。这样非但不能表现幽默，反而只能显露庸俗和浅薄。

所有的人都会年华老去，红颜不再。但岁月只能风干肌肤，而睿智和幽默的魅力却不会减去分毫。幽默的魅力，仿若空谷幽兰，你看不到它盛开的样子，却能闻到它清新淡雅的香味；幽默的魅力，又如美人垂帘，人不能目睹美人之芳华，却能听到美人的声音，间或环珮叮咚，更引人无限遐思……可以说，幽默为女人的魅力起到锦上添花的作用，优雅的女人一定不会拒绝幽默。

4. 适度的自嘲化解尴尬

如果你才华极高，一旦出现意外失误，就会使被你比下去的人在无关紧要的事情上占了上风。这不仅满足了他们的虚荣心，也减少了他们对你的敌意。所以，如果你拥有较高才能，拿自己的缺点开个玩笑或者出现个意外的失误，会使你更受欢迎。

从心理学角度来讲，自嘲是一种幽默的生活态度，是聪明人的智慧火花；自嘲是幽默的最高境界；自嘲也是高尚人格和自信的体现，它表现的是自嘲者的低姿态以及良好的修养。自嘲实际上是当事人采取的一种貌似消极、实为积极的促使交谈向好的方向转化的手段，所以，自嘲者敢于拿自己"开涮"，而不伤害任何人。可以说，它既是一种幽默的说话方式，也是一种幽默的生活态度和心理调节方式，能增加生活的乐趣，能解除尴尬，能拉近人与人之间的距离，它是一种人生智慧。

一般说来，没有人愿意成为大家取笑的对象。知道了这一点，你就能明白为什么有的人很容易逗别人乐了。大家都有一种潜意识里的优越感，在幽默者适度的自嘲中，人们感受到的是自己心里那隐约的优越感。因此，不用担心自嘲会让人知道你的短处，引来鄙夷的目光。他们会为你的勇敢和风趣而折腰，因为你不怕暴露自己，所以他们就会在心中对你解除防范，把你当成自己的朋友。

不过，自嘲虽然好处不少，但凡事不可过度。适度地自嘲可以缓和紧张的气氛，化解尴尬的场面，赢得他人的好感，但如果刻意自嘲或频繁使用它，就会给人以一种对自己的不尊重之感。而一个人自己不尊重自己，自然也得不到他人的尊重。

自嘲也不是自贬，特别是不能对大家公认的优点自我贬低，这样不但是在否定自己，也是在变相地否定他人的判断，这会让对方感到尴尬。因此，女人在自嘲时应把握好以下几点：

自嘲要适度。自嘲仅仅是一种辅助性的表达手段，不可乱用，要避免引起别人的误解或伤害他人。

自嘲所表现的意义一定要积极，给人一种启发性，避免给人留下没有道德、要小聪明和嘴皮子的印象。那样，只会让大家觉得你浅薄无聊，“一点儿正经也没有”。

自嘲要看好场合，在比较正式的场合，如面试、开研讨会等场合尽量不要使用自嘲的方式，而应直白且诚恳地发表自己的观点。

自嘲态度要慎重，目的要明确，不要遇到什么事情都用自嘲来解决。比如消愁、逃避、讥讽，本着这样的心态来自嘲，那么最终只会使自己消沉下去。

自嘲是女人幽默的最高层次，口才好的女人取笑自己，可以消释误会，抹去苦恼，感动别人，并获得自尊自爱。

5. 女人要用幽默来装点自己

一个优秀的男人，一般也是个懂得幽默的男人，那么女人呢？一个美丽的女人，同样需要幽默来装点自己。幽默的男人是聪明的，而幽默的女人更是智慧的。

幽默是精神的缓冲剂，是女人社交中的超级武器。高尚的幽默，可以淡化矛盾，消除误会，使不利的一方摆脱困境。幽默是社交场合里不可缺少的润滑剂，可以使人们的交往更顺利、更自然、更融洽。

幽默是健康生活的调味品。在公众场合和家庭里，当存在一种不协调的或对一方不利的现象时，超然洒脱的幽默态度往往可以使窘迫尴尬的场面在笑语声中消失。夫妻间的幽默还有特殊的功能：在一方心情恶劣或双方发生冲突时，刺激性的语言无疑火上加油。即使喋喋不休的规劝，也会事倍功半。而此时一个得体的小幽默，却常常能使其转怒为喜、破涕为笑。

有一对年轻夫妇，一天因为某事吵了起来。由于年轻气盛，大家又都在气头上，所以彼此都不肯让步讲和。气急之下，妻子一边拿出包收拾自己的东西，一边说要回娘家。丈夫也没有过多理睬，只是在一旁生闷气。

妻子收拾完衣物后，气鼓鼓地向丈夫要路费，丈夫什么也没有说，便从皮夹里掏出20元钱递给妻子。妻子拿着钱呆呆地瞅着丈夫，并没有走的意思。过了很长一段时间，妻子终于忍不住生气地说："我回来的路费怎么办？"丈夫瞅了瞅妻子，慢条斯理地说："带着我这么大个钱包回娘家，还怕没有路费？"妻子听了，立刻破涕为笑。二人以幽默的方式解决了即将爆发的更深层的情感战争。

英国著名作家、短篇小说大师曼斯菲尔曾经说过：疯狂或死板严肃都是不对的，两者都嫌过度。一个人必须永远保持幽默感。

幽默往往是有知识、有修养的表现，是一种高雅的风度。大凡善于幽默者，大多也是知识渊博、辩才杰出、思维敏捷的人。他们非常注意有趣的事物，懂得开玩笑的场合，善于因人、因事开不同的玩笑，能令人耳目一新。

一位青年男子在饭馆吃饭，吃完了饭，他才对经理说：“对不起，钱夹放在家里了，我现在不能付钱。”女经理不慌不忙地说：“那好吧！我相信你。为了使我记住此事，必须把你的名字写在门口的黑板上，同时记上你欠款的数目。”男士表示不满：“那不是每个人都看到我的名字了吗？我不是太难堪了吗？”女经理微笑着说：“不必担心，我们会用你的皮大衣把你的名字盖住的。”经理的幽默意图在于让这位有赖账嫌疑的顾客用物质作抵押，以此逼迫他就范。这位男青年只好拿出钱来，如数付清了欠款。几乎没费什么力气，经理就维护了饭馆的权益。

由于某些客观原因，我们的计划常常会受到严重挫折。这种情形使人心灰意懒，因为这并非我们的能力不够。不过，我们也可以充分发挥自己的主观人格力量，试着运用幽默态度处理，扭转局面。

一个懂得幽默的女人，她不一定是美丽的，但一定是智慧的，而且是善解人意的。这样的女人热爱生活，懂得用自己的方式面对难解之局面，用微笑放松自己，用智慧的花香使自己更加富有魅力。

现代女性已经完全走出了家庭，不再是专职的家庭主妇。在各个领域都存在着许多出类拔萃的佳人，她们经过岁月的凝练，在生活中历练出乐观的人生态度。这样的女人知道如何周游于每个社会场合，无论是在商场还是在豪华餐厅，都传递着幽默妙语。

幽默不是餐桌上低级的笑话，也不是舌根下无聊的怨言，幽默是一种尺度适当的娱乐。幽默使生活更加多姿多彩。有人说，一个没有幽默感的女人，就像鲜花没有香味，只有形，没有神，即使再光鲜的外表，让人感觉还是少了一点儿灵气。

一个女人要想培养幽默感，应该以一定的文化知识、思想修养为基础，多学习那些诙谐、风趣的人开玩笑的方式。至于性格比较内向、做事过于认真呆板的女人，要学会欣赏别人的幽默，在社交过程中尽量让自己轻松、洒脱、活泼，想办法把话说得机智、委婉、风趣。当然，开始尝试会感到不大自如，但只要我们在与朋友的交往中坦率、豁达地不断实践，幽默感便会变得运用自如，使交往更加情趣盎然。

懂得欣赏幽默的女人，容易喜欢别人；善于表达幽默的女人，更容易被他人喜欢。幽默的人易于与人保持和睦的关系。现实生活中常常不乏让人碰得头破血流但仍然得不到解决的问题，此时如果来点幽默，问题往往会迎刃而解，使同事之间、夫妻之间化干戈为玉帛。

在运用幽默时，一定要表情自然轻松，只有这样，你才能使幽默的轻松气息“感染”到身边每个人。记住，一个看来满面愁容或神情抑郁的女人，是不可能真正地发挥幽默的魅力的。

需要注意的是，幽默既不是毫无意义，也不是没有分寸的耍嘴皮。幽默要在合情合理之中引人发笑、给人启迪，令人回味无穷。所以，学会和善于运用幽默，会令女人的社交生活更为丰富和快乐。

6. 开玩笑要有分寸

开玩笑随意性固然很大，但要注意的禁忌也很多。玩笑中蕴含着深刻的智慧，千万不能乱开。开玩笑应有尺度，有分寸，否则伤害人、得罪人而不自知，那就得不偿失了。因此在开玩笑之前应该三思，以免出口成刀，伤害他人。

某公司里有一位女员工小刘，她新婚不久就开始发福，原来纤瘦的身材逐渐丰满了起来，或许是婚姻有了归属、生活稳定、心情愉快的缘故吧！

有一天，一位男同事的妻子来公司给丈夫送东西，不料与小刘相遇了，而小刘恰好与她是旧相识。大家聊了一会儿，男同事的妻子突然对小刘说："哎呀，你怎么搞的呀，现在胖成这个样子，脸胖得都看不见眼睛了，再发展下去真的是不堪设想啦！"在场的所有人听了都大笑起来。

小刘的脸顿时沉了下去，没说一句话，转身离开了。等笑她胖的人都走了以后，小刘再也压不住心中的火气，她破口大骂。同事送走妻子回来后，见此情景立即赔不是，场面搞得十分尴尬。后来，小刘再也没有与同事的妻子来往。

好朋友间开玩笑要讲究分寸，即使双方关系再好，开玩笑也要注意别过火，避免恶语伤人的现象出现。虽有点过但无伤大雅，这样的玩笑是可以开的，但故事中男同事的妻子与小刘开玩笑时的用词，确实过分了些，小刘难以接受也是情有可原的，与同事的妻子断绝情分也是意料之中的事情。

在生活中，喜欢开玩笑是正常的，但是玩笑过了火，就会把调节气氛的幽默玩笑变成了黑色玩笑。这些过度的黑色玩笑是不会被人喜欢的。开玩笑过度的人，会被习惯性地认定是“刻薄”的人，容易引起他人反感。

开玩笑还要看好对象。同事之间可能笑过就算了，但是不能开老板的玩笑，老板的尊严是绝对不能冒犯的。

程盈盈是一家公司的外勤人员，是个聪明伶俐的女孩。她脑子灵活，言辞犀利，还有丰富的幽默细胞，无论到哪儿都是颗“开心果”。但如此可爱的程盈盈，却得不到老板的青睐！

程盈盈工作非常努力，有一次她加了一整夜的班，第二天一大清早赶到公司。满身疲惫的她被领导不分青红皂白地批评一通，说她工作不够仔细、状态差等，任她怎么解释都不行。程盈盈委屈极了，向比较谈得来的老员工请教。对方反问她说：“想想你平时有没有在言辞上对老板不敬啊？”

这么一问，程盈盈想起来了，自己平时就爱与同事开玩笑，后来看老板斯斯文文，对下属总是笑眯眯的，胆子一大，就开起了老板的玩笑。有一天，老板穿着一身新西装来上班。别人都是微笑着对老板说：“您今天真精神啊！”只有程盈盈夸张地大叫：“老板，你今天穿新衣服了！不过款式好像是去年流行过的啊！”现在回想起来，当时老板的脸色真是特别难看。

还有一次，程盈盈带着刚刚谈好的客户和协议来找老板签字。看到老板龙飞凤舞的签名，客户连连夸奖老板：“您的签名可真气派！”程盈盈听了又是一阵坏笑：“能不气派吗？我们老板可是暗地里练了三个月了！况且这是他写得最多的字。”此言一出，老板和客户都陷入尴尬。

想到这些，一向快言快语的程盈盈再也高兴不起来了。原来这就是她虽然聪明能干却无法受到重用的原因。

所以，开玩笑要有分寸，千万不能给他人造成伤害，损害双方的关系。

当然，不要因为怕把玩笑开得过了火，就不与别人开玩笑，整天一本正经的，这样做也没有必要，因为别人会认为你是一个不可爱的人，反而会拉远你和别人之间的距离。所以，生活中与人开玩笑是必要的，但是在开玩笑之前，必须加以考虑，注意措辞。

因此，开玩笑要掌握好以下“规则”：

（1）内容要高雅

笑料的内容取决于开玩笑者的思想情趣与文化修养。内容健康、格调高雅的笑料，不仅给对方启迪和精神的享受，也是对自己美好形象的有力塑造。钢琴家波奇一次演出时，发现全场有一半座位空着，他幽默地对听众说："朋友们，我发现这个城市的人们都很有钱，我看到你们每个人都买了两三个座的票。"于是这半场听众放声大笑。波奇无伤大雅的玩笑使他吸引了更多的观众。

（2）态度要友善

与人为善，是开玩笑的一个原则。开玩笑的过程是感情互相交流传递的过程，如果借着开玩笑对别人冷嘲热讽，发泄内心厌恶、不满的感情，那么除非是傻瓜才识不破。也许有些人不如你口齿伶俐，表面上你占到上风，但别人会认为你不尊重他人，从而不愿与你交往。

（3）行为要适度

开玩笑除了可借助语言外，有时也可以通过行为动作来逗别人发笑。有对小夫妻，感情很好，整天都有开不完的玩笑。一天，丈夫摆弄鸟枪，对准妻子说："不许动，一动我就打死你！"说着扣动了板机。结果，妻子被意外地打成重伤。可见，玩笑千万不能过度。

（4）对象要区别

同样一个玩笑，能对甲开却不一定能对乙开。人的身份、性格、心情不同，对玩笑的承受能力也不同。

一般来说，晚辈不宜同长辈开玩笑，特别忌谈男女情事。几辈同堂时的玩笑要高雅、机智、幽默，解颐助兴，乐在其中。当有人开这种玩笑的时候，自己以长辈或晚辈身份在场时，最好不要参言，只若无其事地旁听就是；下级不宜同上级开玩笑，因为会显得不尊重，没大没小，分寸不好把握；男性不宜同女性开玩笑，否则会给人一种不文明、没修养的印象，甚至认为你是个流氓。在同辈人之间开玩笑，则要掌握对方的性格情绪信息。

对方性格外向，能宽容忍耐，玩笑稍微过大也能得到谅解。对方性格内向，喜欢琢磨言外之意，开玩笑就应慎重。对方尽管平时生性开朗，但恰好碰上不愉快或伤心事，就不能随便与之开玩笑。相反，对方性格内向，但正好喜事临门，此时与他开个玩笑，效果会出乎意料地好。

（5）场合要分清

美国前总统里根一次在国会开会前，为了试试麦克风是否好使，张口便说："先生们请注意，5分钟之后，我将对苏联进行轰炸。"一语既出，众皆哗然。里根在错误的场合、错误的时间里，开了一个极为荒唐的玩笑。为此，当时的苏联政府提出了强烈抗议。总的来说，在庄重严肃的场合不宜开玩笑。

玩笑是要开的，但要开得适时、开得恰当、开得合理。否则，就不会达到好的"笑果"。

7. 幽默表达，避免与同事"交火"

委婉幽默的语言能使同事在笑声中思考，而嘲笑却使人感到含有恶意，这是很伤人的。与同事发生争执，真诚、坦白地说明自己的想法和要求，让同事觉得你是希望得到合作而不是在挑他的毛病。

在工作中，同事之间容易发生争执，有时搞得不欢而散甚至使双方结下芥蒂。发生了冲突或争吵之后，无论怎样妥善地处理，总会在心理、感情上蒙上一层阴影，为日后的相处带来障碍，最好的办法还是尽量避免它。聪明的女人懂得，对同事的意见可以委婉表达，运用幽默的力量避免与同事“交火”。

有一家公司的餐饮部伙食很差，收费却很贵，职员们经常抱怨吃得不好，甚至还骂餐厅负责人。

有一回，一位职员买了一份菜后叫起来。她用手指捏着一条鱼的尾巴，从盘中提起来，向餐厅负责人喊道：“喂，你过来问问这条鱼吧，它的肉上哪儿去啦？！”

当我们对同事所做的事情有不同意见时，我们可以以开玩笑的方式轻松、坦诚地进行表达，这样既能使同事认识到他们的错误，而又不至于伤害同事之间的感情。中国人常用这么一句话来排解争吵者之间的过激情绪：有话好好说。这是很有道理的。据心理学家分析，措辞过于激烈武断是同事之间发生争吵的重要原因之一，因此，我们在对同事的某些做法不满时，要善于克制自己，委婉地表达自己的意见。

小王是一公司的中级职员，她的心地是公认地“好”，可却一直升不了职。和她同龄、同时进公司的同事，不是外调独当一面，就是成了她的顶头上司。另外，别人虽然都称赞她“好”，但她的朋友并不多，不但下了班没有“应酬”，在公司里也常独来独往，好像不大受欢迎的样子……

其实小王能力并不差，也有相当好的观察、分析能力，问题是，她说话太直了，总是直言直语，不加修饰，于是直接、间接地影响了她的人际关系。

你对同事说："唉！我看得出你知道办好事情的秘诀，而且你也知道如何守秘不宣。"

你的同事对你说："谢谢你把你的一点儿想法告诉我。我很感激——尤其是当你的业绩如此低落之时。"

如果你面对的是一位不合作的同事，首先要冷静，不要让自己也成为一个不能合作的人。宽容忍让可能会令你一时觉得委屈，但这不仅表现你的修养，也能使对方在你的冷静态度下平静下来。心胸开阔是非常重要的。任何人都会出现失误和过错，对别人无意间造成的过错应充分谅解，不必计较无关大局的小事情。

办公室的老张和小王特别能抽烟，而同一办公室的其他同事却受不了烟味。他们两个一抽起烟来满屋子烟雾缭绕，熏得其他人实在不行。后来一位同事陈小姐得了重感冒，更是不敢再闻烟味，于是她的好友李小姐借这个机会巧妙地指出了张、王二位同事在办公室内吸烟的错误做法。李小姐是这样说的：

"昨天我陪小陈去医院看病，大夫说最近流行重感冒，严重的还能引起其他病，甚至还能死人，尤其是那些吸烟者或吸二手烟者。医生特别强调了感冒患者应远离烟味，就是正常人经常吸烟或吸二手烟都不行，所以一般的公共场合都严禁吸烟。为了大家共同的健康，我建议咱们办公室内部也实行这种政策吧。不过，这就要委屈老张和小王了，你们俩以后可以到外边那间屋子抽烟，当然为了你们的身体，你们还是少抽为好。"

经过李小姐这样一番劝说，老张和小王当然意识到了自己抽烟对他人的影响，并且也觉得自己每天吸那么多烟确实对身体不好，于是他们二人毅然决定戒烟。

之后这个办公室就少了许多烟雾，多了许多笑声。

第五章 提高情商，会交际的女人没烦恼

每个女人都希望与人交往，都希望通过交往建立起良好的人际关系。可是，在实际的生活中，不会人人如愿，总是或多或少地存在着一些不尽如人意之处，而这些不如意多半是一些不良心理引起的。

1. 满足他人渴望被尊重的心理

每个人都希望自己在别人那里是受重视的，哪怕是一次深情的谈话，或是一次静静的聆听，都足以让人觉得自己是重要的。因此就自然会对自己产生信心，哪怕是最平庸的人也会因此信心倍增。

作为女人，要想真正地让一个人对你敞开心扉，最好的方式莫过于你能够让他感到，你对他本身、对他的所作所为真正感兴趣。

如果你总是喋喋不休地谈论自己，谈论以往的宏伟业绩，你将发现人们会离你而去，因为你没有令他们感到愉快。他们希望你能够谈论他们，能够对与他们相关的事物感兴趣。

纽约电话公司曾针对电话对话做过一项调查，看在现实生活中哪个字使用率最高，在500个电话对话中，“我”这个字使用了大约3950次。这说明不管你是什么人，不管你实际状况如何，在内心中都是非常重视自己的。

美国学识渊博的哲学家约翰·杜威说：“人类本质里最深远的驱策力就是希望具有重要性。”每一个人来到世界上都有被重视、被关怀、被肯定的渴望，当你满足了他的要求后，他就会对你重视的那个方面焕发出巨大的热情，并成为你的好朋友。

人类行为有个极为重要的法则，这一法则就是时时让别人感到重要。如果我们遵从这一法则，大概不会惹来什么麻烦，而且可以得到许多友谊和永恒的快乐。但是，如果我们破坏了这个法则，就难免招致麻烦。

有这样一个小笑话。

有一个女人请了四位同事到她家里吃饭，她倒是非常真诚地摆了一大桌酒菜。三个同事如约而至，只有一位仍不见踪影，女主人在门口急得东张西望，搓手跺脚。一位同事从里头跑出来安慰她不要着急。谁知这位女主人随口甩出一句话："该来的不来。"旁边劝她的这位同事一听，心里想："这样说，我岂不是不该来的。"便咣当一声摔门而去。里头另一位同事见状，急忙出来好言相劝。哪知这位女主人又从嘴里蹦出一句："唉！不该走的又走了。"本来相劝的同事一听，立刻怒从心起，"不该走的走了，那意思不就是该走的不走。得，甭解释了，我走了。"最后在屋里等的那位同事急忙出来帮着主人挽留客人。可惜这位女主人口才实在不佳，竟然又冒出一句："我根本不是冲他们说的。"最后那位客人一听，"噢，你不是冲他们说的，那不就是冲我说的吗？算了，我也不留了，一起走吧！"

这虽是一则笑话，却深刻地反映了人们渴望被人尊重的心理。

人际交往的一个极为重要的手段是：时时让别人感到重要。如果我们遵从这一做人原则，就不会惹来什么麻烦，并且可以得到许多友谊和快乐。但如果我们破坏了这一法则，就难免后患无穷。

那么，怎样才能使人们觉得他们特殊呢？这里有一些技巧：

（1）尽可能多地使用他们的名字。有人说，人的耳朵最喜欢的声音是他们自己名字的发音。我想那是真的。这是属于他们自己的独一无二的声音。如果你经常使用它，那意味着你真的关心他们，那会使他们觉得自己是珍贵的。

（2）聆听他们。这听起来很简单，而它也确实很简单——如果你认真对待的话。如果你是假装的，它就是世界上最难的事情。抛开关于自我的想法，聆听他们对你说的话。

（3）称赞并认可他们的成就。这不一定是什么重大的事情，小事情也可以。你可以说："有一天我路过你们家花园，你种的花草长得多好啊。"这句话也很有效。或者说："你的领带很好看，与这套西装搭配得很好！"注意到并说出人们的独特之处能够使人们觉得与众不同。

（4）如果有人等着与你见面，一定要向他们打招呼。千万不要忽视等着与你见面的人，即使你只会意地看他们一眼，并让他们知道你很快就会到他们那里去。这将使他们觉得你很在意他们。

（5）当有人问你问题的时候，停一会儿再回答。这使他们的问题看起来很重要，因为它意味着你花时间思考他们提出的问题。

（6）尊重对方的决定和意愿。一个人的决定和意愿是他自己的权利，是他的自由。对其表示尊重，就是不把他当作别人的附庸，就是尊重他这个人独立的人格，承认他的存在和价值。当然，他就是重要的。

（7）直接告诉他：你很重要。这句话，对爱人是最高的奖赏，对孩子是最大的鼓励，对朋友是最好的肯定，对员工是最高的评价，对上司是最大的信任，对陌生人是最大的认可……相信聆听了这句话的人一定会为此动容。

所以，打动人心的最好办法，就是用各种各样的办法告诉对方：你是重要的。

2. 女人不要强出风头

女人不要强出风头，孚众望、得人心，是日积月累的结果，在你的言谈举止之间，别人都在观察你、品评你；你有成就，你肯努力，你待人宽厚，别人自会欣赏，用不着强求注意。强出风头往往引起别人的反感。

“枪打出头鸟”“木秀于林，风必摧之”“直木先伐，甘井先竭”……这类古训俗语常用来告诫人，要警惕环境险恶，人心叵测，要韬光养晦，不露锋芒，不动声色。因为，风头出尽的人容易遭人妒，容易首先受到攻击。

在生活中，我们不难发现，那些口若悬河、好出风头、心中藏不住半点秘密的人一定是非常浅薄的。时间长了，会令人反感乃至厌恶。相反，那些看来口讷笨拙或者总是隐藏自己才干的人，却往往成竹在胸，计谋过人，更容易成功。

有一位留学美国的女计算机博士，毕业后在美国找工作，结果好多家公司都不录用她。她以这样高的学历，这样简直是最“吃香”的专业竟然找不到一个职位，连她自己都感到奇怪。无可奈何之中，她想出了一个在旁人看来简直是最愚蠢的办法：她决定收起所有的学位证明，以一种“最低的身份”再去求职。不久她就被一家公司录用为程序输入员，这当然是“高射炮打蚊子——大材小用”，但她干得一丝不苟。不久，老板发现她能看出程序中的错误，这不是一般的程序输入员所能比的。这时她才亮出了学士证，老板给她换了个与大学毕业生对口的专业。过了一段时间，老板发现她时常能提出许多独到的、有价值的建议，远比一般大学生要高明，这时她又亮出了硕士证，老板见后又提升了她。再过了一段时间，老板觉得她还是与别人不一样，就向她询问，这时她才拿出了博士证。此时老板对她的水平已有了比较全面的认识，毫不犹豫地重用了她。

女博士成功的秘诀是：“忍智藏锋，以退为进。”公司是私人的，老板不会惧其“震主”，但底下的人未必和老板同一心情，所以当她过早地亮出博士证时，连工作都找不到。那么，找到工作后又为何不马上亮出来呢？因为这时她已经学乖了，一是难保同事对她不会嫉妒，二是老板没有发现她的才干，如何用她仍存在不确定性，直到老板对她完全信任，她才亮出证来，这时无论别人对她怎样都已不能动摇老板对她的信任了。

这个博士的办法是聪明的。她先放下身份和架子，甚至让别人看低自己，然后寻找机会全面地展现自己的才华，让别人一次又一次地对她刮目相看，她的形象慢慢变得高大。如果刚一开始就让人觉得你多么的了不起，对你寄予了种种厚望，可你随后的表现让人一次又一次地失望，结果是被人越来越看不起。这种反差效应值得任何人注意。人家对你的期望值越高，越容易看出你的平庸，发现你的失误，相反，如果人家本来并不对你抱有厚望，你的成绩总会容易被发现，甚至让人吃惊。

很多刚走上工作岗位的人，不懂得这种心理，往往希望从一开始就引人注目，夸耀自己的学历、本事、才能，即使别人相信，形成心理定式之后，如果你工作稍有差错或失误，往往就被人瞧不起。试想，如果一个本科生和博士生做出了同样的成绩，人家会更看重谁？人家会说本科生了不起。你博士的学历高，理应本领高些，可你跟人家一样，有什么了不起的？心理定式是难以消除的。所以，刚走上岗位或新的岗位的人，不应当过早地暴露自己，当你默默无闻的时候，你会因一点成绩一鸣惊人，这就是深藏不露的好处。如果交给你一项工作，你说“我保证能够做好！”几乎和说“我不会”一样糟糕，甚至更糟糕。你应当说：“让我试试看。”结果你同样做得很好，可得到的评价会大不相同。

××高校，一个系里有两位成果颇丰的青年女教师，一个爱吹嘘自己的成就，逢人便说又发表了几篇几篇文章，学术成就多高多高；另一个人几乎总是回避关于这个问题的提问，或者轻描淡写地说不多、不怎么样。其实两个人在各自的学术领域里都已崭露头角，而后边的那个人的文章更是经常成为学术界评议的对象，但她始终不吹嘘炫耀自己。结果，两个人都抱着一摞杂志到系里申报职称，别人却说："你整天吹嘘炫耀自己发表了多少多少文章，按数目早就远远超过这些了，怎么才这么多？看看人家，平日一声不响，谁能想到她会发表这么多文章呢？"尽管两人发表的文章的数量差不多，但还是第二个人先晋升了。

待人坦诚、心直口快并非不好，但事实证明那些心直口快的人往往容易暴露自己，得罪别人，既没能很好地把握自我，也不易取得事业的成功。这样的人实在不太聪明。你无意中说了别人什么，但别人常常会记一辈子，到适当的时候，就会不知不觉或有意识地进行报复。因此我们说"口无遮拦"，坦荡如底，是一个人的好处，也是一个人致命的弱点。

深藏不露也是自我保护的重要手段，它会减少遭到别人暗算或报复的机会。如果别人根本不知道你在想什么或准备干什么，别人怎么攻击你呢？如果你不说让人讨厌的话，别人怎么会报复你呢？古人说"三缄其口"，就是告诫人们不要妄言乱语。"祸从口出"，也从反面说明了这个道理。一个干大事业的人怎么会没有秘密，怎么能不守秘密，随便相信人，授人以口实，受制于人呢？很多情况下，不装糊涂就办不成事，更办不成大事。实际上，越是大事，糊涂越要装得彻底，须知你的对手绝非等闲之辈。

我们知道有些动物在不断进化中，为了有效地保护自己，发展出种种保护色，即能在不同环境中使自己变换不同的颜色，同周围的色彩一致，从而达到避免危险、保护自己并攻击弱者的目的。动物尚知如此，人怎么能在他人面前完全暴露自己，成为“不设防城市”呢?

作为一名女性，你要知道，不前不后是一种处世哲学，更是一种处世技巧，它的根本点就在于明哲保身。这种策略可以保证你在一个群体之中四平八稳、步步为营地向前推进。不前不后是欲望控制的结果，是理智的化身。它要求你在工作过程中沉着、稳定，不以情绪支配言行，不受心理欲望蛊惑。“淡泊明志，宁静致远”，正是这种不前不后处世态度的体现。

但是，任何事情都得一分为二，不前不后只是说在同事之中，在利益与荣誉面前，不过分张扬自己，不踩着别人的肩膀向上攀登。不前不后只是一种过程，但从结果——自己的前途与事业而言，则必须是在他人的前头，必须从同事之中脱颖而出。到那时，其情势将不会再是“木秀于林，风必摧之”，而是“众星捧月”“众望所归”。这正是恰当地把握不前不后的分寸为自己的事业赢得人缘与机缘。

这就好比大家在观看一场马拉松比赛时，通常会看到在前半程跑在最前面的人反而不容易夺到金牌，而跑在稍后一点儿的队员却在更多的时候夺取了桂冠，而位置太靠后的落伍者也同样与冠军无缘。这同人与人之间的社会性竞争和相处何其相似！人生的奋进过程其实就是一次马拉松比赛，只有恰到好处地保持不前不后的位置，把握不前不后的分寸，才有可能更多地获得成功。要知道，在这场比赛中，人们要看的不是过程，而是最后的结果。所以，做一个聪明的白领丽人很重要。

3. 学会拒绝，大胆说“不”

钱锺书先生一连说过七个不字：“不必花些不明不白的钱，找些不三不四的人，说些不痛不痒的话。”或许我们的拒绝根本伤不了别人的面子，而你又落个轻松自在，同时也让被拒绝的人了解你的坦荡和真诚。

很多女人也许是太富于同情心了，往往很难拒绝同事朋友帮忙的请求。对社会频繁的人际交往、复杂的社会关系以及一些可有可无的聚会、应酬，总感到应接不暇。

于是我们老是会抱怨：“唉，真没办法，真累，真烦……”有人会问：既然不喜欢，为什么不拒绝呢？我想大家只会露出一脸苦相：说得容易，做着难，都是些同事或是亲朋好友，怎么拒绝？你若能拒绝，人家也会认为你不给面子。

中国人最爱讲面子了。为了面子，宁可为一些不必要的应酬东奔西走；为了面子，我们还得露着笑脸，说些言不由衷的感谢之词，以免让人误会自己冷淡和心不在焉。

为什么就不能拒绝呢？学会拒绝，就得学会向自己挑战，向我们的面子挑战；学会拒绝，拒绝这种面子，拒绝来自我们内心的自卑、懦弱和虚荣，让自己变得真实、自信、勇敢起来；学会拒绝，就要敢于对自己不喜欢的人和事，大胆说个“不”字。

某天早上，阿姨打电话来，问小红能不能陪她一起去看拍卖古董。小红说：“不！”

中午社区打电话问小红能不能为他们的征文颁奖。小红说：“不！”

下午某大学的学生打电话来，问她能不能参加周末的餐会。她说：“不！”

晚上，《华盛顿晚报》传真过来问小红能不能写个专栏。她说：“不！”

你或许会认为小红是不近人情，可当事人并没有这种感觉。因为，她很讲究方式和技巧。当她说第一个“不”时，同时告诉了她“下次拍卖古董，我会去。至于今天，因为我对家具、器物、玉石的了解不多，很难提出好的建议”。

当小红说第二个“不”时，她说：“因为我已经做了评审，贵报又在最近连着刊登我的新闻，且在一篇有关座谈会的报道中赞美我而批评了别人。如果再去颁奖，怕要引人猜测，显得有失客观。”

当她说第三个“不”时，她说：“因为近来有坐骨神经之苦，必须在硬椅子上直挺挺地坐着，像是挨罚一般，而且不耐久坐，为免煞风景，以后再找机会！”

当她说第四个“不”时，她以传真告诉对方“最近已经刚刚寄出一篇文章，专栏等以后有空再写”。

小红说了“不”，但是说得委婉。她确实拒绝了，但拒绝得有道理。因此能够取得对方的谅解，自己也落得清闲。

这世界上确实有许多人不会拒绝别人，她们或是不敢，或是不好意思。

不敢说“不”的人，往往缺乏实力，她们只怕不顺着对方的意，自己就要吃亏。岂知愈是想讨好每个人，最后可能谁也没讨好，因为没有人珍视他的“好”，却要加倍地责备她可能的不周到。愈是想对得起每一个人，愈可能对不起人，因为精神、时间、财力有限，不可能处处顾及，结果办事情的水准下降，还是对不起人。就算是她拼老命地应付了每个人，至少对不起她自己。

当然，如果能在生活、学习和工作中热情倾力地帮助别人，对别人的困难有求必应，自然更加容易建立融洽的人际关系。可是，有些事情有违你的做人原则和行事规定，还有些事情是你能力之外的，确实有难处：如果答应了，自己难以对付；如果拒绝了，对方肯定会心生怨恨，或者认为你不讲情面。有些时候，你必须给别人的请求一个明确的答复。如果是合乎对方期望的回答还好，但是如果直接表示你的否定，尤其直截了当地说“不”的时候，对方轻则失望尴尬，重则反目成仇，从此不相往来。

虽然拒绝很难说出口，但是其中也有“道”可循：

（1）请他人转告

一般说来，当着别人的面拒绝或者亲自表示拒绝总是让人难以接受，毕竟和他所希望的差距太大了。别人的请求就像一个美丽的肥皂泡，如果直接一下子戳破未免有些残忍，而请他人转告则给了别人时间和心理的缓冲，相对来说，也易于为人接受。

（2）另外指点迷津

当你对别人的请求力不从心或者确实不想帮忙的时候，你可以为他介绍几种解决问题的途径。如果你指点的途径依然是“此路不通”，相信你的朋友也不会责怪你的，毕竟你是在尽力帮他出谋划策。当然，如果因此而成功了，你自然也会成为他感激的对象。

（3）自言自语

有人总结出了一条拒绝他人要求的经验：人们碍于面子，推托话不好正面说出口，如果装作自言自语说出心中所思所想，对方便会知趣而退。

某大商场收到一长期合作的供应商的样品，质量虽很过关，款式却很过时，收下这批货，商店会亏本；不收下吧，供应商又是老客户了。怎么办呢？

当天傍晚，商店经理方春请供应商共进晚餐，二人一边对饮，一边望着窗外衣着时尚，袅袅而行的丽人款款走过，方春自言自语道：“现在的女孩子对衣着越来越讲究了，不但要质地好，而且要款式新潮。看那件印花镂空的连衣裙，既典雅又大方，一股时尚气息扑面而来……”听到这儿，供销商抓住方春的手大叫：“多谢你的启发，我马上叫设计师修改花型，原来那批货我全部拿回。”如果经理直接回绝供销商，可能会由此失去一个多年的合作伙伴，而她利用自言自语的方法，流露出内心思想，既使对方自己放弃，又不伤和气。

（4）模糊回答，提出选择

如果朋友或者爱人提议说周末去公园赏花，不要急着一口拒绝。“我不去，一点儿都不好玩！”之类的话很容易伤害对方的自尊心，打消别人的热情和兴致。你可以说：“赏花很不错啊！这个时节去划船应该也很好呢！”这样的回答听起来像是赞同对方的建议，但是却表明了你更倾向于划船，实质上是一种否定。

（5）转移话题就是否定的回答

不一定非要用“是”或“不”回答请求，把问题本身放置一边就是拒绝的代名词。如果对方说：“我们明天再到这个地方滑冰吧！”“哦！我想我们该回去了！”你的答非所问至少会让对方觉得你对这个提议很冷漠，他一听就知道你不想答应他的要求。

（6）运用含义丰富的沉默

人们对沉默的内涵的理解各有不同，沉默在不同的场合又有不同的意思。沉默可以表示反抗，也可以表示忍受；沉默可以表示坚决的否定，也可以表示默认；沉默可以表示木讷者的迟钝，也可以表示内心丰富者的思考……

如果对方表述了他对一件事情的看法，虽然你表面带笑，但你缄口不语就表示你掩藏了内心真实的想法，而这种想法很可能就是对他观点的否定。

不要因为怕伤害对方的感情和面子而硬撑着答应所有的请

求。一旦你不能像对方期望的和你承诺的那样把事情办好，就会耽误事情，弄得自己和朋友都觉得不好意思。

（7）先扬后抑

开门见山，直截了当式的拒绝，犹如当头一盆冷水，使人难堪；先扬后抑，是一种避免正面表述，间接地主动出击的技巧，即首先进行诱导，当对方进入角色时，然后话锋一转，制造出“意外”的效果，让对方自动放弃过分的要求。

有一位歌迷求一位当红女歌星给她一张演唱会的票，歌星手中也没有票，又不愿给演唱会举办方增添麻烦，当然不想答应歌迷的要求，但是，她没有直接拒绝，因为直接拒绝攻击性太强，因此，她采用先扬后抑的方法，她平静地答道：“遗憾得很，我手上一张票也没有。不过，在大厅里我有一个位置，如果您高兴……”歌迷非常兴奋地问道：“那么，这个位置在哪里？”歌星答道：“不难找，就在麦克风前。”

我们应该认识到：只有在你表现说“不”的实力时，对方才会感激你说的“是”；也只有在你知道说“不”的情况下，才能积蓄足够的实力说“是”。

只有充满自信与原则的人知道说“不”，也只有别人知道你有说“不”的原则之后，才会信任你所说的“不”！

委婉地道出你的苦衷、说出你的原则，必能获得朋友及同事的谅解，赢得对方尊重！

4. 有些话不能直言

生活中，并不是每句话都必须直说的，女人若善于以暗示代直言，同样可以收到预期的效果。

有些话不能直言，便得拐弯抹角地去讲；有些人不易接近，就少不了逢山开道、遇水搭桥；搞不清对方葫芦里卖的什么药，就要投石问路、摸清底细；有时候为了使对方减轻敌意，放松警惕，我们便要绕弯子、兜圈子，甚至用“环顾左右而言他”的迂回战术，将其套牢。

委婉的语言是人际交往中必不可少的，是维系人与人之间的和谐关系的重要手段。

公共汽车上人很多，而这时又上来一位抱小孩的妇女。于是女售票员对乘客说：“哪位同志给这位抱小孩的女同志让个座？”但没想到她连喊两次，无人响应。那女售票员站起来，用期待的目光看了看靠窗口处的几位青年乘客，提高嗓音：“抱小孩的女同志，请您往这里走，靠窗口坐的几位小伙子都想给您让座儿，可您得先过去。”话音刚落，“呼啦”一声，几位小伙子都不约而同地站起来让座。这位女同志坐下之后，只顾喘气定神，忘记对让座的小伙子道谢，小伙子面有冷色。女售票员看在眼里，心里明白，她忙中偷闲，逗着小孩子说："小朋友，叔叔给你让座儿，你还不谢谢叔叔。"一语提醒了那位妇女，连忙拉着孩子说："快，谢谢叔叔。"那位小伙子听到小孩道谢连声说："不客气。"

试想，女售票员请人让座时说"大小伙子一点也不自觉"，在劝女同志道谢时说"别人给你让座，你也不知道说个谢"，后果会如何呢？生活中，要理解人们的合理需要，爱护人的自尊心，只有这样才能把话说到别人的心坎里去。如果不能根据交际对象的心理选择恰当的语言形式，话一出口先挫伤他人的自尊心，必然会吃亏，甚至引起对方的不快而引发争吵。不要以为绕弯子、兜圈子浪费时间，很多时候，最短的路未必就是最快的路。

暗示是人际交往的一种特殊方式，指的是暗示者出于一定的目的，采用一定的方法，含蓄、巧妙地向对方发出某种信息，以此来影响对方的心理，使其不自觉地接受一定的意见、信念，或改变其行动。

暗示的方法有：

（1）以故事暗示

一次，一位女领导为了加强机关干部管理，在工作考勤等方面作了一系列规定，决定由曾在企业担任过多年负责人、不久前到机关做传达工作的一位老同志负责考勤登记。这位老同志认为这工作易得罪人，不愿意干，说自己过去就是因为办事太认真，得罪了不少人，正在吸取“教训”。

听了他的话，女领导委婉地讲了一个故事：某电影导演为拍一部片子四处寻找合适的演员。一天，发现了一个合适人选，便通知他准备试镜头。这个人十分高兴，理了发，换上新衣，对镜子左照右照，总感到自己两颗“犬牙”式的牙齿不好看，于是到医院把牙齿拔掉了。后来，他兴致勃勃地去报到，导演见到他，失望地说：“对不起。你身上最珍贵的东西，被你自己当缺陷给毁了，影片已经不需要你了。”

故事讲完后，这位老同志懂得了“坚持原则，办事认真”正是自己最珍贵的品质。他愉快地接受了任务。

（2）以笑话暗示

一次，几位老同志反映机关宿舍晚上不安静，楼上的小青年不注意，老同志在楼下睡不好。这属于两代人的生活习惯问题，如果把这个问题在会上讲，就会使老同志和青年人之间产生鸿沟。

党委书记和小青年闲谈时，讲了一则笑话进行暗示：有个老头儿晚上很难入睡，恰好楼上住了一个经常上晚班的小伙子。小伙子每天下班回家，双脚一甩，鞋子“噔噔”两下，重重地落在地板上，每次都将好不容易才入睡的老头儿惊醒。老头儿提了意见。当晚小青年下班回来，又照例先甩下第一只鞋，而后猛然想起老头儿的意见，就轻轻脱下第二只鞋。第二天一早，老头儿埋怨小伙子说：“你一次将两只鞋甩下，我还可以重新入睡，你留下一只不甩，害得我等你甩第二只鞋等了一夜。”

笑话说完，小伙子们就悟出了笑话是有所指的。

（3）岔题暗示

甲：“老何这个人什么都好，就是有点好大喜功。”

乙：“昨晚播了《红楼梦》第一集，你看了吗？”

甲：“没有，你知道吗？向市里上报的材料，尽说好话，把老何捧上了天。”

乙：“唉，你不看真可惜，看了就能知道跟电影相比到底哪个拍得好。”

不难看出，乙一再岔题，是为了向甲作出暗示：他不愿意背后随便议论别人。如果甲尚知趣，说话至此，也该停止对老何的飞短流长了。

（4）诙谐暗示

这是以幽默的语言或随意说笑的方式，向被暗示者传递信息。

南唐时，税收繁重，民不聊生。时逢京师大旱，烈祖询问群臣：“外地都下了雨，为什么京城不下？”大臣申渐高决定利用这个机会进谏，便诙谐地答道：“因为雨怕抽税，所以不敢入京城。”烈祖天性比较豁达，听罢大笑，决定减轻税收。借助一句笑话来暗示，竟然为百姓做了一件好事。

生活中不少人是“直肠子”“一根筋”，为人处世“不撞南墙不回头”，十头牛也拉不回来。这样的人最该学会绕弯子，神经多长些末梢，否则就得做好吃亏、碰钉子的心理准备。

5. 巧妙应对心怀不轨的男人

在交往中，当女人遇到不怀好意的男人挑逗时，是冷眼相对、置之不理，还是厉声斥责、大发雷霆？或者高声辱骂，把对方训得狗血淋头？还是巧妙地使对方算计落空，知趣而退？不妨试试下列方法。

（1）激发对方的廉耻心

故意曲解对方的不良举动，将其理解为善意的行动，以此触动对方的廉耻心，使其不好再乱来。

当对方萌生了不良念头，试探性地采取初步举动时，女性朋友应该保持镇定，不要露出惶恐无助的样子，让对方认为自己软弱好欺。此时，设法激发其廉耻心是一个较好的计策。女性朋友装成不懂对方的用意，将其举动说成是善意行为，并提起他的女性家人、朋友，暗示她们也有可能受到别的男人类似的骚扰，促使其将心比心，为自己的不检点行为感到惭愧，从而不好再作进一步的侵犯。

（2）软中带硬

用表面温和但实际尖锐讽刺的语言反击对方，使其无法软磨硬缠下去或借口发火。这种方式在一些公共场合比较有效，既不扩大事态范围，又体现自己的涵养。不温不火，让对方哑巴吃黄连，有苦说不出。

在行驶着的客车上，王欣要求一个男乘客购车票。男乘客说：“我没有零钱，下次再买。”王欣说：“乘车就要买票，这是规矩。如果确实没有零钱，我也可以给你兑换。”男乘客大发其火，粗着嗓门耍横：“我没有钱？笑话！不要说买张车票，就是连你一块儿买了也不成问题，你信不信？”周围的旅客都为王欣捏了一把汗。只见她冷静地说：“我相信你有钱，但不相信你这么不自量力。”在大家的笑声中，那位男乘客无地自容，只得乖乖地买了车票。

（3）婉言威胁

表明自己有一个强有力的人物或集团作后盾，暗示对方如果行为不检点，必将吃到苦头，使其产生畏惧心理而退却。

“一物降一物”，再色胆包天的人也不敢因为一时的冲动而得罪比他更强悍的人物或集团。因此，女性在受到不轨之徒的纠缠时，不妨找一个强有力的后盾，用“靠山”的力量来压住对方的气势，警告其不要胡作非为、自讨苦吃。对方为自己的利益着想，不会做出因小失大的事情，自然会无奈地打消非分之想。

（4）牵住他的鼻子走

不直接挖苦、斥责对方，而是顺着对方的思路谈下去，最后话锋一转，得出一个令对方大出意外的结论。这种方式一波三折，很有攻击力量，让对方猝不及防。

在一次舞会上，一男子邀请小琴跳舞。他说："你知道吗，小姐，我非常爱你。"

"爱我的什么呢？"

"爱你的一切。"

"我的一切包括丈夫和孩子，请问，你也爱他们吗？"

小琴的巧妙、幽默的对答，不仅维护了自尊，也表明了态度，使那男子碰了一鼻子灰，无可奈何。

（5）借他人之口委婉指责

在不方便直接出面指责对方不良行为的情况下，寻找第三者，采用委婉的方式提醒对方，使其意识到事情已经败露而自动放弃。

有些男人的不良行为不是当面所做，因此抓不到明确的证据，如果直接出面进行揭露和指责的话，对方有可能反咬一口，诬蔑受害者无中生有。此时，女性朋友可以请第三者出面，以委婉的方式提醒他，纸包不住火，事情已经败露，警告他不要一错再错，对方受到警告后，必然不敢肆意妄为。

（6）指出后果，令其畏怯

先明朗地表明自己的态度，然后郑重指出对方的不良行为可能酿就的严重后果，使其清醒而放弃。

被坏念头冲昏了头脑的男人常常失去理性，忘记了自己的图谋不轨会带来的恶果。因此，女性在自己的安全受到威胁时，应该义正辞严地训斥对方，指出其行为违背了社会伦理道德，一意孤行只会自食其果。对方遭到一番严厉的斥责后，理智被唤醒，必然会冷静地作出正确的选择。

（7）攻击对方“要害”

轻薄的人虽然脸皮厚，但因心怀不良图谋，所以毕竟心虚。如果能蛇打七寸，打中其要害处，对方就会不堪一击。

办公室里，几位男同事在谈影视中的某些“精彩”镜头，绘声绘“色”，眼光不时瞟一下在一旁不声不响干活的甜甜。其中一人对甜甜说：“别不好意思嘛，瞧瞧，你的脸都羞红了。”

甜甜正色道：“不，我是为你们感到羞愧。”现在，轮到那几个男同事脸红了。

当然，对胡搅蛮缠之徒，那就需要你拿出胆量和勇气，予以正面驳斥和坚决反击。对待死皮赖脸的人，不留情面是最好的一招。

总之，遇到不怀好意的男人，聪明的女性应机智善变，灵活应对。

6. 做个左右逢源的女人

决定女人成败的重要因素就是人际关系的好坏。虽然人的心理很难用法则来规范统一，但是人的心理是有些共通之处的，因此，为人处世也要掌握一定的手段，能够洞悉人情世故奥妙之处的女人，便是在世上能够左右逢源的女人。

《红楼梦》里，最会办事、最擅长办事的，要数左右逢源、八面玲珑的凤姐儿了。一天，邢夫人把凤姐儿找来，悄悄向凤姐儿道："叫你来不为别的，老爷因看上了老太太屋里的鸳鸯，要她在房里，叫我和老太太讨去。我怕老太太不给，你可有法子办这件事？"凤姐儿听了，忙赔笑道："依我说，别碰这个钉子去。老太太离了鸳鸯，饭也吃不下去，哪里就舍得了？太太别恼，我是不敢去的。明放着不中用，而且反招出没意思来。老爷如今上了年纪，行事不免有点儿背晦，太太劝劝才是。"邢夫人冷笑道："大家子三房四妾的也多，偏咱们就使不得？我劝了也未必依。就是老太太心爱的丫头，这么胡子苍白了又做了官的一个大儿子，要了做屋里人，也未必好驳回的。我叫了你来，不过商议商议，你先派了一篇的不是。也有叫你去的理？自然是我说去。你倒说我不劝，你还是不知老爷那性子的，劝不成，先和我闹起来了。”

风姐儿知道邢夫人禀性愚弱，只知奉承贾赦以自保，次则婪取财货为自得，家下一应大小事务，俱由贾赦摆布。儿女奴仆，一人不靠，一言不听。如今又听邢夫人如此的话，便知他又弄小性子，劝也不中用了，连忙赔笑说道：“太太这话说的极是。我能知道什么轻重？想来父母跟前，别说一个丫头，就是那么大的一个活宝贝，不给老爷给谁？依我说，要讨，今儿就讨去。我先过去哄着老太太，等太太过去了，我搭讪着走开，把屋子里的人我也带开，太太好和老太太说。给了更好，不给也没妨碍，众人也不知道。”邢夫人见她这般说，便又喜欢起来，又告诉她道：“我的主意先不和老太太说。老太太要说不给，这事便死了。我心里想着先悄悄的和鸳鸯说。她要是害臊不言语，就妥了。那时再和老太太说，老太太虽不依，搁不住她愿意，常言‘人去不中留’，自然这就妥了。”凤姐儿笑道：“到底是太太有智谋，这是千妥万妥。别说是鸳鸯，凭她是谁，哪一个不想巴高望上、不想出头的？”邢夫人笑道：“正是这个话了。你先过去，别露一点风声，我吃了晚饭就过来。”

凤姐儿暗想：“鸳鸯素昔是个极有心胸气性的丫头，虽如此说，保不严她愿意不愿意。我先过去了，太太后过去，她要依了便没的话说；倘或不依，太太是多疑的人，只怕疑我走了风声，叫她拿腔作势的。那时太太又见应了我的话，羞恼变成怒，拿我出起气来，倒没意思。不如同着一齐过去了，她依也罢，不依也罢，就疑不到我身上了。”想毕，因笑道：“才我临来，舅母那边送了两笼子鹌鹑，我吩咐他们炸了，原要赶太太晚饭上送过来。我才进大门时，见小子们抬车，说太太的车拔了缝，拿去收拾去了。不如这会子坐了我的车，一齐过去倒好。”邢夫人听了，便命人来换衣裳。凤姐儿忙着服侍了一会儿，娘儿两个坐车过来。凤姐儿又说道：“太太过老太太那里去，我若跟了去，老太太若问起我过来做什么，那倒不好；不如太太先去，我脱了衣裳再来。”

邢夫人听了有理，便自往贾母处。

凤姐儿左右逢源、见机行事之术可见一斑。

人们都只知海阔凭鱼跃，天高任鸟飞，却不知海不阔天不高之说。在现实生活中，客观环境往往就不允许你跃，不允许你飞，所以你要学会应变，做到左右逢源。

做个适度左右逢源的女人需要从六个方面入手：

（1）方与圆：方是做人的脊梁；圆是处世锦囊。过分的方，刚愎自用，锋芒毕露，有勇无谋；过分的圆，唯唯诺诺，毫无主见，缩手缩脚。如何把握？只有靠个人的把握与感悟。聪明与愚蠢之分，也正是在此。

（2）刚与柔：过柔则靡，太刚易折。该刚则刚，该柔则柔；人刚我柔，人柔我刚；人柔我亦柔，人刚我更刚。运用自如，游刃有余，到底谁能笑到最后，还用说吗？

（3）表与里：为人应表里如一；察人须由表及里。做人要表里如一，而且要重在充实里。做人要讲艺术。表里如一是艺术，表里不如一也是艺术。揣摩它，奥妙无穷，乐趣无穷。

（4）礼与兵：礼使人雅，兵使人威。遇到事情究竟是先兵后礼，还是先礼后兵，兵礼兼用时如何把握彼此的“度”，这些，都是我们在为人处世时需要慢慢揣摩和体会的。

（5）忍与抗：忍得难忍之事者，抗则无往不胜。忍耐是人最基本的生存智慧。忍一时风平浪静，退一步海阔天空。人，就应该在忍耐中生活，在生活中忍耐。有时候忍耐住刚强直率的性格与对手周旋，是抗的良策。相反以硬碰硬，会让自己吃大亏。

（6）从与违：舍己从人无违缘。探讨这个话题，至少应该弄明白三点：你该从什么？你该违什么？怎样让别人从你？

其实天下的道理都是善于总结分析的人通过自己与前人的宝贵经验和实践总结而得来的，在我们看来深奥而无法一时理解，其实重要的不是记住这些文字，而是这些道理在现实中的合理运用！

7. 该糊涂时就要糊涂

在某些情况、某些场合下，为了保证计谋的绝密，或者为了把事情办成功，明明知道事情的底蕴却故意装做不知道，分明是看得清清楚楚的东西却装做看不见、看不懂，这种糊涂就是明知故昧。明明知道、明明看见了却装做不知道没看见，这当然是客观情势使然，或者，作为一种计谋，例如为了保全自己，为了使目的达到，你都必须这样做。

人与人之间的矛盾如果以平等互利的方式来解决都是可以化解的。但是，如果矛盾涉及原则性问题，那么就必须站稳脚跟，寸步不让，即使是细节也不能让。睿智的女人懂得，如果原则性问题也要让步就等于失去了做人的方向。

人们所说的原则性问题主要有两种，一是尊严，一是应得的利益。尊严是精神上的原则性问题，一个人格健全的正常人是不能允许别人轻易冒犯自己的尊严的，尊严受到损害有时比物质利益的损失更让人感到痛苦和难以忍受。在这一点上，女人的尊严显得更为重要。一个人的素质越高越看重自己的人格与尊严，所谓“士可杀不可辱”，正是这个意思。

我们说在尊严问题上必须寸步不让，但在很多情况下是自己的尊严已被人严重地侵犯了，却还不知如何申辩，结果只能白白地受气。其实，别人侮辱我们的人格，并不就意味着他的人格有多高尚，如果我们能够了解对方，稍稍使用一点儿“手腕”，明知故昧装糊涂，以其人之道还治其人之身，往往可以收到良好的效果，从而为自己讨回尊严，出一口恶气。

在某大城市的一户人家，有一位乡下来的小保姆，由于为人实在，干活利索，给女主人的印象颇佳。但是，生性狐疑的女主人还是担心这位乡下姑娘手脚不干净，于是在试用期的最后几天想出个办法来试一试她。

一天早晨，小保姆起床要去做饭，在房门口捡到一元钱，她想肯定是女主人掉下的，就随手放在了客厅的茶几上。谁知第二天早晨，小保姆又在房门口捡到了一张五元的钞票，这让她感到很奇怪。“莫非是在试探我吗？”小保姆产生了这样的疑问。但她又很快打消了这个念头，因为女主人是位刚从科长职位上退休的体面人，怎么会做出这样侮辱人的事情呢？这样想着，她就把钱放在了茶几底下，但心里面还是留了个“心眼”。

到了晚上，小保姆假装睡下，从卧室的窗户窥视客厅中的动静。正当她困意袭来，准备放弃这一念头时，女主人竟真的悄悄到茶几前取钱来了。小保姆彻底惊呆了，怒火冲上了她的心头：怎么可以这样小看人！她咬了咬嘴唇，下定了一个决心。

第二天早晨，小保姆又在房门口发现了一张钞票，这次是十元钱。她笑了笑，把钱装进了自己的口袋。到了傍晚，她在女主人下楼去练气功之前把这十元钱悄悄地放在了楼梯上，准备也测试女主人一番。果然不出小保姆所料，女主人之所以怀疑别人手脚不干净，正是因为她自己是一个自私而贪心的人，她在下楼时看见了那十元钱，当时就眼睛一亮，然后趁着左右没人把钱塞在了口袋里。这一幕，全都被暗中偷窥的小保姆看到。

当晚，女主人就像科长找科员谈话一样找到了小保姆，严肃而又婉转地批评她为人还不够诚实，如果能痛改前非，还是可以留用的。小保姆故作懵懂地问：“你是不是说我捡了十元钱？”“是呀！难道你不觉得自己有错吗？”小保姆摇了摇头：“不，我不认为我做错了什么，因为我已经将那十元钱还给您了。”女主人一脸诧异：“咦，你啥时啥地还我钱了？”小保姆大声回答：“今天傍晚，公共楼梯……”女主人一听到“楼梯”两个字，顿时像触了电一样浑身一颤，狼狈得一句话也说不出来了……

聪明的小保姆利用一些“手腕”为自己找回了面子，女主人自然也不敢再侮辱她的人格和尊严。试想一下，如果她正面反击，不讲策略又会是什么效果呢？使用一点儿“手腕”，就可以方圆有道，一劳永逸，可见，做人还是要有技巧的。

明知应故昧，看透不说透！这种明知故昧的糊涂，无论是在军事、政治、外交，还是在日常生活中，常被人采用，而且只要昧得深、昧得巧，将计就计，总能收到良好的效果。明知故昧、将计就计的实质，就在于能够顺应敌意、因势利导，在敌人所设的圈套之外再加上一套，在敌人所挖的陷阱之外再挖一陷阱，从而让敌人在实施自己的计划中落入我手中。

《纂辑武编》中说，“苟（假如）敌人料我，当顺其所料，伏兵待之，以诈示之，俟彼出师，则发伏收之（指用伏兵收拾它）。”

将计就计没有一个固定的表现形式，只是适应着对方所施的计谋而灵活地变通。在实施的过程中，表面装作中了敌人的计策，实际上是为了隐藏自己的企图。将计就计，是一种“否定之否定”的应变决策，前提是看出了对方的企图。

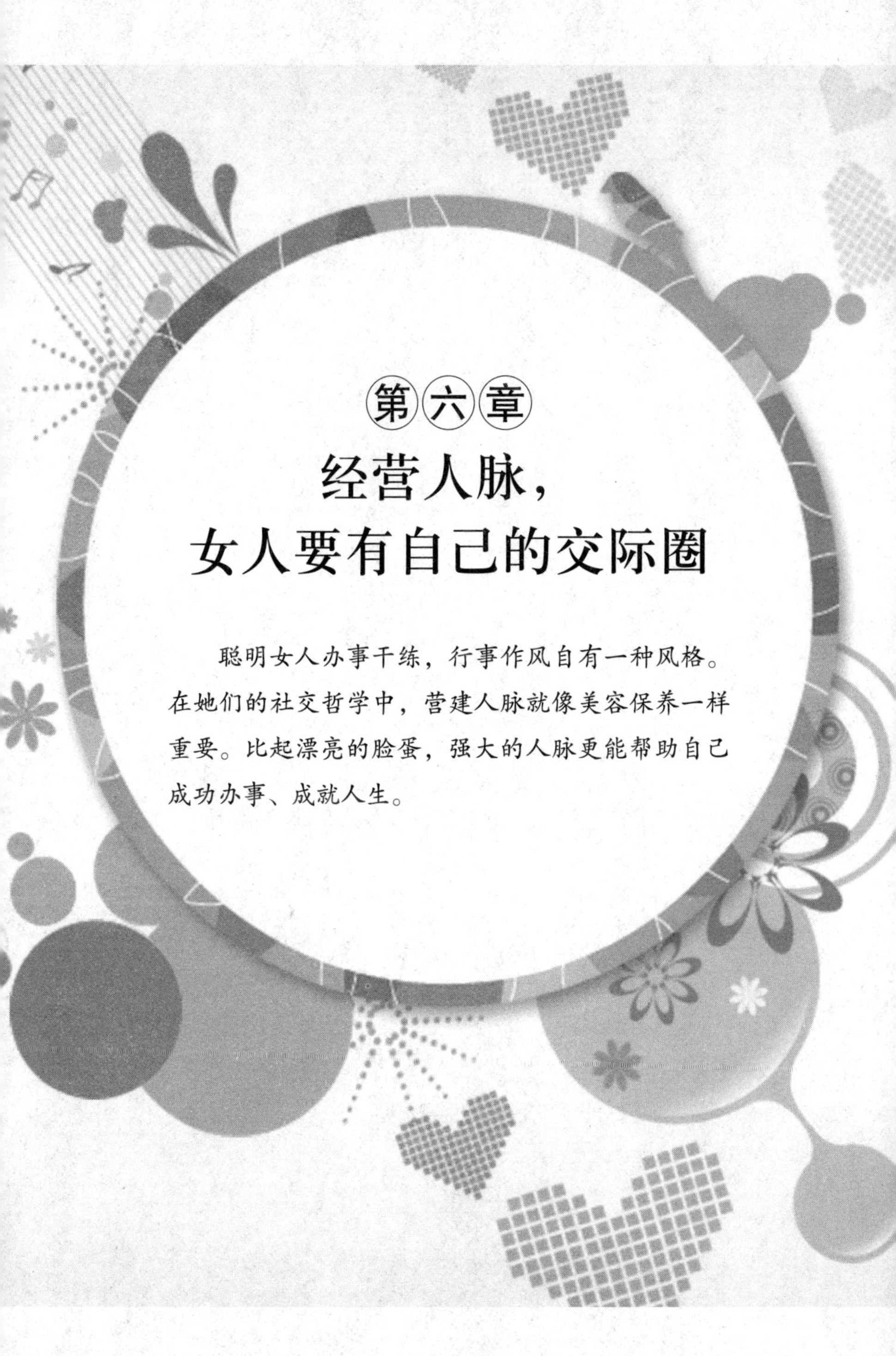

第六章

经营人脉，女人要有自己的交际圈

聪明女人办事干练，行事作风自有一种风格。在她们的社交哲学中，营建人脉就像美容保养一样重要。比起漂亮的脸蛋，强大的人脉更能帮助自己成功办事、成就人生。

1.朋友多了路好走

朋友多了路好走，朋友是办事艺术中不容忽视的环节。有多少朋友，就打开了多少扇办事的方便之门。常言道，多一个朋友，多办一件事。所以，但凡是聪明女人，无一例外都会广结天下宾朋，为增加自己的人脉储蓄而不懈努力。

多个朋友多条路。朋友多了，路子广了，办事情就得心应手，事半功倍；反之，则劳神费力，难上加难。

女人要想在社会上办成事，拥有比男人更多的人脉关系至关重要。朋友多，在社会上的办事效果就好，社会评价也就高，因而求人办事也更容易。所以一个人的朋友多少，能直接反映出他在社会上的办事能力和水平。

景卉毕业于一所重点大学，在校期间她就是一名非常优秀的学生干部，并且乐于与同学来往，结交了很多好朋友。

景卉毕业以后，与朋友合作创办了一家公司，刚开始红红火火的，赚了一些钱。景卉就把这些钱投资到一个自己很看好的项目上，但没想到资金回来得很慢，公司资金周转出现问题。这个时候，是听说景卉遇到困境的同学倾囊相助，帮助景卉渡过难关。最终，这个项目让景卉赚到很多钱，不但可以很快还给朋友们，公司的资产也翻了几倍。

这就是人情储蓄为聪明女人带来的好处。如果不是因为朋友的慷慨解囊，倾力相助，相信景卉不会那么容易摆脱困局。

朋友多就是人缘好，人缘广。如果你有广阔的人缘关系，这对你办事将是一笔不可估量的无形资产。因此，人缘好不只体现了你个人社交的魅力，更是你办事的资质魅力。

按照下面的几点建议去做，女人们的朋友会越来越多。

（1）如果想多结交一些朋友，你就需要主动地了解对方的兴趣爱好。你可以通过多种方式得到他们这些方面的信息。比如：平时相处时多观察了解，向他的朋友打听询问，或者查阅他的个人资料等。

（2）人与人交往中会出现一些交际的好机会。多一些有益的朋友，会有机会转变你的一生。“独木难支大厦”，朋友在关键时候帮你一把，可能会直接促成事业的成功。所以，要时刻留意能结交朋友的好机会。

（3）结交朋友不仅要把握机遇，同时还要创造机遇。如果想和刚认识的朋友进一步发展关系，你可以请他们到你家做客。人与人之间接触越多，彼此间的距离就可能接近。交际中的一条重要规则就是：找机会多和别人接触。

多一个朋友，多办一件事。聪明女人知道，谁的朋友多，谁的办事效率就高，成功的概率也更大。所以，她们从不放过任何一个可以扩大自己人脉储蓄的机会。

2. 乐于助人的女人人缘好

古往今来的先贤一再告诫我们：帮助他人不要图报答，因为一次性报答过了，也就失去了帮助人的意义，也不是当初帮人的初衷。成功的女人一定也懂得这个道理。

有人说："帮助人是一种缘分。"聪明女人对这句话中蕴含的道理有着更深一层的理解：一个女人能力虽然不大，但只要肯帮助别人，她将受到人们广泛的欢迎。

一个人不能同时帮助许多人，但许多人可以同时帮助一个人。人与人之间的缘分都是共有的，没有你我之分，只是你中有我，我中有你。我帮了你，你帮了他，他又帮了我。当有人需要你帮一把时，你能伸手帮一把就是一种回报，就是一种社会共有的缘分。

女人要获得真正成功的人际关系，就要用爱心去和别人推心置腹地打交道。在这种情况下，你再去帮助他，他才会感到人间处处是美好。其实，女人通过帮助别人来赢得人缘，当然离不开技巧。当你想帮助某个人时，要注意具体方法，具体问题具体分析，才能使对方得到真正的帮助，并对你产生由衷的感谢。

有这样一则故事：

露西是位单身女子，住在华盛顿的一个闹市区。有一次，露西搬一只大箱子回家，因为电梯坏了，她只得自己扛着箱子上12层楼。彼得是一个平时没事就在大街上闲逛、偶尔还闯点祸的人，他看到露西累得汗流满面，于是想上去帮助露西。露西并不相信彼得，以为他图谋不轨。彼得十分困惑，他花费了许多唇舌，想说明他的善良用心，却无济于事。露西拒绝了彼得，她将箱子从一层搬到二层后，就再也没有力气了。需不需要彼得的援手呢？露西感到矛盾极了。最终，还是在彼得的帮助下，箱子被搬上了12层。为了表示自己的真诚用意，彼得只将箱子搬到露西的家门口，坚持不进去。后来，露西和彼得交上了朋友，一年后，双双踏上了红地毯。

对别人的帮助要落到具体的行动上，不要只停留在口头上。帮助有两种可能，一种可能是随便帮帮；一种可能是一帮到底，做足人情。第一种帮助不能说它不是帮助，因为它也能给人带来某种好处；但随便帮帮的帮助不是真正的帮助，因为这种随便的帮助在关键的时候，总是不管用。第二种帮助才是真正的帮助，它能帮人彻底解决实际困难。

只有共患难的人是朋友！为什么呢？生张熟李的人，人缘看起来挺不错，新朋友一个接一个，但是真正需要帮忙的时候，只怕一个可依赖的朋友也没有。一位残疾人坐着三轮车上坡，但因坡度较大，他费了很大的劲儿也没能上去。好心的你走上前，想帮助他，告诉他该怎样用力。你不知道，他此时最需要的是你从后面推他一把，让他顺利通过这段道路。

如果想通过帮助别人来扩建自己的良好人脉网，必须有一种坚持不懈的精神，不要一时风、一时雨，凭自己的兴致来做；也不要这也帮那也帮，不高兴的时候就谁都不帮。做一件好事并不难，难的是一辈子做好事，不做坏事。

帮助别人时还应该注意：不要使对方觉得接受你的帮助是一种负担。帮助要做得自然得体，也就是说在当时对方或许无法强烈地感受到，但是日子越久越体会到你对他的关心。能够做到这一点是最理想的。帮忙时要高高兴兴，不可以心不甘、情不愿的。

老话说，“一个篱笆三个桩，一个好汉三个帮”。不同于男人之间的义气，女人对朋友的情谊更多是表现在相处中的细节上，但也就是在这点点滴滴的帮助与扶持中，聪明女人轻松地收获了好人缘。

3. 用诚信去换取对方的友谊

“诚信”不仅是衡量一个人人格和品质的尺度，更是一条交朋友的准则。就算是女人，常常给朋友乱开“空头支票”，也难免会落得“众叛亲离”的下场。

在聪明女人的交友秘籍里，诚信是待人接物的首要前提。人与人之间的相互信任，是社会和谐稳定的深层基础。孔子说：“人而无信，不知其可也。”意思是说，一个人不讲信用，就不知他能干什么。有人认为，反正是朋友，这次没有遵守诺言没什么。殊不知天长日久，你就会渐渐失去朋友的信任。所以，聪明女人立身处世会言而有信，说到做到，只有这样才能赢得朋友的信任。

某村妇女主任儿子结婚，准备盖一座新房，可是自己找不到木料，便托了城里的一位朋友。朋友千方百计把木头买来，运到她的家里，但是核算下来费用高出预算不少。妇女主任的儿子感到吃亏了，不想要。妇女主任却说："我原来跟他说好了，不管什么价，弄来就行。君子一言，驷马难追。如果咱说话不算数，以后还怎么和朋友打交道？"虽然多花了几百元，但是她觉得心安理得。事后妇女主任对儿子说："损失些钱财，换得了诚信，值得！"看来，这位妇女主任是很有些见地的。

不仅仅在大事上要讲信义，在小事上也应该也必须讲信义。比如约会，虽是小事，同样应注意守信，答应几点去赴约就应该守时。

树立自己的信义是一个长期的过程。在与人交往时，只有一次又一次兑现诺言，才能慢慢地提高自己的信义度。立信不能一劳永逸。如果有一次无故失信，就会前功尽弃，甚至会使多年精心建造起来的信义毁于一旦，要想重建它需要花多倍的努力。

刘芳菲存了一笔钱要等到结婚买嫁妆时用，正好她一个朋友王丽来借钱，并向刘芳菲保证一定在她结婚之前归还。由于她俩平时交往密切，关系一直不错，所以刘芳菲便痛快地借给了她。可是婚期就要到了，王丽还没把钱还来。无奈刘芳菲只得上门催还，最后双方搞得不欢而散。从此，她们便不再往来，友谊也就此结束。

所以，聪明女人与人往来，会认真对待每一次信约，绝不会疏忽大意，因小失大。只有这样，才能建立和维持朋友间的和谐关系。

换个角度，当朋友答应帮你办事时，我们应该持信任态度，不能让朋友去帮自己，但自己却又对此事无所谓。彼此信任是做朋友的基础。

讲信义其实就是一个诚信的问题。诚信是做人之本，是一种美德，会吸引周围的人跟随你，而你的朋友也会越来越多。反之，所有的朋友都会用怀疑、歧视的目光看着你，没有人会把你当朋友了。

4. 能否成功，取决于你所结识的人

美国著名人际关系学大师戴尔·卡耐基经过长期研究得出结论说："专业知识在一个人成功中的作用只占15%，而其余的85%则取决于人际关系。"所以，无论你从事什么职业，学会处理人际关系，你就在成功路上走了85%的路程，在个人幸福的路上走了99%的路程了。无怪乎美国石油大王约翰·D.洛克菲勒说："我愿意付出比天底下得到其他本领更大的代价来获取与人相处的本领。"

这是一个人脉的年代，谁都不可能成为鲁滨孙那样的孤胆

英雄。

2005年1月28日，赖斯出任国务卿，她是继克林顿政府的玛德琳·奥尔布赖特之后美国历史上的第二位女国务卿。

赖斯1954年出生在美国亚拉巴马州的伯明翰。赖斯父母分别来自赖斯家族和雷家族，其祖先都是奴隶的后代。1965年，11岁的赖斯跟随父母来到了首都华盛顿。他们在宾夕法尼亚大道上散步，最后在白宫大门前停下来。因为肤色的缘故，他们不能进去参观。他们在那座举世瞩目的建筑物前徘徊良久，父亲鼓励她长大后要当美国总统。最后，赖斯转过身平静地告诉父亲："我现在因为肤色而被禁止进入，但总有一天，我会在那间屋子里工作的。"

除了赖斯的决心和努力，真正改变赖斯命运的是约瑟夫·科贝尔教授。科贝尔教授是前中欧国家的外交官、前国务卿玛德琳·奥尔布赖特的父亲。某个春天，赖斯参加了约瑟夫·科贝尔教授的讨论课。在课堂上，约瑟夫·科贝尔教授关于苏联和斯大林统治的历史的一段讲述，激发了赖斯研究苏联问题的热情。

从此，赖斯坚定不移地跟随约瑟夫·科贝尔教授。这位身兼学业上的导师和"明智的父亲"双重身份的人，像伯乐一样，发现了赖斯这匹难得的千里马。不能不说，与约瑟夫·科贝尔教授的结识，成为了赖斯生命的转折点。

约瑟夫·科贝尔和他的国际关系课，对赖斯来说都是不可多得的财富。科贝尔倾其所能地指导赖斯，将她引向国际关系和苏联政治的领域。此时的赖斯对俄罗斯文化的一切，包括文学、艺术、音乐都十分感兴趣。已经掌握法语、西班牙语、德语的赖斯，开始迫不及待地学习俄语。因此，可以说科贝尔在赖斯的生活中扮演了一个决定性的角色。

结识什么样的朋友，对女人未来发展的重要性，怎样强调都不过分。假如我们把人际关系比作大脑的神经网络，那么其中的每个人就是一个神经元：突起得越多，与周边的联系就越多，也就比别人更加灵敏，从而更加易于走向成功。

每个人的精力和体力都会随着年龄的增长而下降，知识也会落伍，唯一增长的就是人脉。所以，一个人要想成功，单有专业知识技能是远远不够的，还需要超强的人脉。

5. 得理也要让人

女人应该得理让人，要有主动“让道”精神。人与人交往中，常常会因为个性、脾气、爱好、要求的不统一，价值观念的差异就会产生矛盾或冲突，此时我们应记住一位哲人的话：“航行中有一条公认的规则，操纵灵敏的船应该给不太灵敏的船让道。我认为，这在人与人的关系中也是应遵循的一条规律。”

做一个能理解、容纳他人优点和缺点的女人，才会受到他人的欢迎。相反，那些只知道对人吹毛求疵，又没完没了地批评说教的女人，怎么会拥有亲密的朋友呢？人们对她只有敬而远之！

古人云：冤冤相报何时了，得饶人处且饶人。这是一种宽容，一种博大的胸怀，一种不拘小节的潇洒，一种伟大的仁慈。为人处世，当以宽大为怀。生活在相互宽容的环境中，是人生的幸福，会使你忘却烦恼，忘却痛苦。

宽容是一种处世哲学，宽容也是人的一种较高的思想境界。学会宽容别人，也就懂得了宽容自己。

一女子在行路中吐口痰，因风的作用把痰刮到一个小伙子的裤子上了，该女子看到后慌忙道歉，并从包里掏出面巾纸要擦去小伙子裤上的痰，但小伙子恼怒地不肯让她擦去痰，并声言："你给我舔去！"女子再三赔礼"对不起！对不起！让我给你擦去好吗？"但他执意不让她擦，就是让她给舔，这样争执下去，街上围上看热闹的人越来越多，有的跟着起哄打哨闹着、笑着，但见女子怎么"对不起"也不会使小伙子原谅，非让她舔去不可。最后惹得女子大怒，从包里掏出一沓钱来，大约有一两千元，当场喊道："大家听着，谁能把这个家伙当场摆平了这些钱就归谁！"话音刚落，人群中闪出两个健壮的男人，对着那不依不饶的小伙子就是一阵拳脚，但看他被踢翻在地不知东南西北，等站起来找那女子时，那女子和打他的人早已无影无踪……

不给别人留台阶，最后自己也会没有台阶可下。所以，做人要得饶人处且饶人，给人留个台阶，也是给你自己留条退路。

人不讲理，是一个缺点；人硬讲理，是一个盲点。理直气"和"远比理直气"壮"更能说服和改变他人。

知退——不是每个人性格中的必然因素，只有大智者才能悟到做到。换句话说，知退是一个人严谨性格的表现。每个人的智慧、经验、价值观、生活背景都不相同，因此与人相处，争斗难免——不管是利益上的争斗或是是非的争斗。而这种争斗，在竞争激烈的商业社会尤其明显。

很多人一旦陷身于争斗的旋涡，便不由自主地焦躁起来，一方面为了面子，另一方面为了利益，因此一旦得“理”，便不饶人，非逼得对方鸣金收兵或竖白旗投降不可。然而“得理不饶人”虽然让你吹着胜利的号角，但这却也是下次争斗的前奏；“战败”的对方失去了面子和利益，他当然要“讨”回来。

“得理不饶人”是你的权利，但何妨“得理且饶人”，这样也给自己留条退路。

得理不饶人，伤了对方，有时也连带伤了他的家人，甚至毁了对方，这有失厚道。得理且饶人，也是积德。

芳芳小姐是一家杂志社的摄影师，由于她曾在美国待过一段时间，行事有些洋派，在那作风保守的杂志社里显得有些格格不入。偏偏她个性散漫，又常做错事，总编辑早就看她不顺眼，只因她是老板朋友的女儿，所以只好对她睁一只眼、闭一只眼。

有一天，为了一些照片，总编辑和芳芳小姐起了冲突，众人见战火引燃，纷纷过去围观。芳芳小姐还要力争，众人你一言我一语地加入战争，芳芳小姐一舌难敌众口，掩面而逃。之后众人还不约而同地联合起来打击她，挑她照片的毛病，批评她偶尔的迟到早退。后来，她辞职了。不久后总编辑也被辞退了。

俗话说，人非圣贤，孰能无过。每个人都难免会偶有过失，因此每个人都有需要别人原谅的时候。

对方无理，自知吃亏，你于“理”明显占过对方，放他一条生路，他会心存感激，来日也许还会报答你。就算不会图报于你，也不太可能再度与你为敌。这就是人性。

在社交活动中，你不妨学一点给人“下台阶”的技巧，以使你能适时地为陷入尴尬境地的对方提供一个恰当的“台阶”，使他不丢面子，这不仅能使你获得对方的好感，而且也有助于树立良好的社交形象。“得理且饶人”就是给对方一条生路，让他有个台阶下，为他留点面子和立足之地，这样，等到对方得理时，就会同样也给你留点面子和立足之地。

《菜根谭》中指出，“径路窄处，留一步与人行；滋味浓的，减三分让人嗜。此是涉世一极安乐法。”这句话旨在说明谦让的美德。凡事让步，表面上看好像是吃亏，但事实上由此获得的必然比失去的多。

人们往往把大海比作宽广的胸怀，因为大海能广纳百川，也不拒暴雨和巨浪；也有人把忍耐性比作弹簧，弹簧具有能伸能屈的韧性。人们在一个单位或集体中工作学习，难免会产生一些意见或矛盾。但是，如果经常为一些鸡毛蒜皮的小事争得面红耳赤，谁都不肯甘拜下风，以致大打出手，事后静下心来想想，当时若能忍让三分，自会风平浪静，大事化小、小事化了。事实上，越是有理的人，如果表现得越谦让，越能显示出他胸襟坦荡，富有修养，反而更能得到他人的钦佩。

第七章

谨慎选择，择优而取结交真朋友

朋友，是始终伴随聪明女人的一道选择题。人际交往对未来的影响，在你向人伸出友谊之手的那一刻就开始了，所以选择什么样的人做朋友，要比维系关系更重要。必须承认，结交一个优秀的朋友，有时甚至会成为人生的一个转折点。

1. 学习聪明女人的交友之道

“在家靠父母，出外靠朋友”这句话充分说明了广泛结交朋友的重要性。而对于想在纷繁复杂的人际关系中求得一席之地的现代女性来说，结交朋友、扩建人脉就更是至关重要了。

袁君晴毕业后的第一份工作是销售。最让她头疼的是走到哪里都是陌生人，虽然拼命赔笑脸，但是却签不到几张单子。造成这种局面的原因就是她太缺乏社会人脉，如果能认识几个有社会地位和成就的人就好了。

可是当袁君晴打开自己的通信录，看到里面基本上都是自己的同学。她们也和自己一样刚刚踏入社会，没有什么成绩可言，也没有什么社会关系。

所以，郁闷的时候，她也只能给这些朋友打个电话，倾诉一下，但终究不是解决问题之道。后来，袁君晴开始有意识地去结交那些生意场上的人，渐渐地他们熟了，彼此建立了友情。

聪明女人总是善于结交各种各样的朋友。如果你是一个缺少人脉资源的女人，不妨向她们学习两招：

（1）以心交友，患难与共

女人首先应问一问自己，想交什么样的朋友。如果希望交到真心的朋友，就要拿出自己的真心，以道德、真心来交往。如此得来的朋友，在紧要关头时，大都能同甘共苦。所谓“患难见真情”，在最困顿的时候，还能不改初衷地支助扶持，才是真正的朋友。

（2）以诚交友，相知相惜

和朋友相处，彼此要讲究知心，讲究坦诚。双方以真实的言语、真实的感情交往，摒除利害关系。男人大都拥有手足般的意气情谊，女人与之结交时，若能相知相惜，相互关爱，彼此扶助，就能得到男性朋友肝胆相照、两肋插刀的照顾了。

（3）以知交友，见多识广

见识广博或具有专业知识的人，会受到朋友的尊重与信赖。所以，女人想要结交有内涵的朋友，先要充实自己的内涵。懂得随时汲取新知的人，智能容易开启，也会吸引许多见多识广的人到身边来。刘禹锡之类的文雅之人的交友之道即是“谈笑有鸿儒，往来无白丁。”

（4）以道交友，其乐融融

古语云：“道风德香传千里。”有道德的人、有修养的人，无人不欣喜，不论远近，大家都会争相来亲近。女人和这样的人交往，也会以他自勉，而得到提升，此即所谓“与善人交，如入芝兰之室，久而不闻其香”。

除此之外，还要有针对性地对自己交际圈中所缺少的人脉进行拓展。

首先，要离开自己的舒适区。

每个人都有自己的舒适区。在这个区域里，你会感觉很舒服，而一旦离开了这个区域就会感觉不舒服。

在畅销书《谁动了我的奶酪》的一个故事里，小老鼠在原来自己的窝里，觉得很舒服，一旦出去了以后，它感到很彷徨，很无奈，很恐惧，所以它就不愿意出去。这个窝就构成了它的舒适区。

的确，在自己的舒适区里待着是安全的、放松的，但是这也限制了个人发展的空间。我们在与以前的老朋友相处时，感觉是舒适的。其实这也是一个舒适区，要想拓展自己的发展空间，我们就要大方地离开舒适区，走向你所向往的交际圈，而不是缩在以前的交际圈里享受舒适。

其次，利用聚会的机会。

在一些聚会或者婚姻场合，西方人大都会在出发前先吃点东西，并提早到现场。因为那样他们将有更多认识陌生人的机会。但是中国人较为保守和害羞，对这种场合，不但会迟到，还尽力去找认识的人交谈，甚至好朋友约好坐一桌，以免碰到陌生人。也许在那些陌生人中，就有你想要认识的人。尽管认识的机会就在身边，但很多人总是白白地让它流失了。

聪明女人在结交朋友、拓建人脉方面还是很有建树的。广大女性朋友如果想突破社交瓶颈，填补人脉资源空白，不妨好好学习她们的交友之道，让自己变身成为拥有好人缘的“社交女强人”。

2. 多向成功人士学习

古语说："近朱者赤，近墨者黑。"聪明女人会培养自己向成功人士学习的意识，并多与有益的人结交，多会见成功立业的前辈。这样不仅能转换一个人的机运，还会为自己求人办事打通一条渠道。

结交成功人士能让自己更强。经常与成功人士保持来往，回避没有价值的人际关系，这不是庸俗，而是聪明女人向上的力量。

向成功人士学习，可以把注意力放在比自己先成功一步的朋友身上。这样，你既有结交的机会，也容易领略到对方的内涵。有人曾说过这样的话："如果要求我说一些对青年有益的话，那么，我就要求你时常向成功人士学习。无论就学问或是就人生而言，这都是最有益的。向成功人士学习，这是人生最大的乐趣。"

阻碍我们成功的最大障碍，就存在于我们自己心中，自己战胜自己，往往是人生中最持久最难决出胜负的艰苦战役。但如果你拥有许多比自己优秀的朋友，在这场看不见摸不着的战役中，很可能轻易取胜。因为他们会告诉你取胜的诀窍和方式方法——成功者的方式方法。

为此，女人们无须过多地怀疑忧虑，在人的一生中，该模仿的时候就应该模仿，什么都靠我们自己去研究领悟发现，我们一定落伍且因此变得呆板。所以，我们要坦然地与成功人士站在一起。

要与伟大的朋友缔结友情，跟第一次就想赚百万美元一样，是相当困难的事。这原因并非在于伟人们的出类拔萃，而是你自己容易忐忑不安。有些人之所以容易失败，是因为不善于和成功人士交际。

生活在美国西部一个小镇上的玛利亚，是一家铁道电信事务所的新雇员。她在15岁时便被录取，而因为她的独树一帜，18岁时她当了管理所所长。后来，她先是在西部合同电信公司工作，接着成为新泽西州铁路局局长。当她的儿子开始上学读书时，玛利亚给儿子的忠告是："在学校要和成功人士的孩子结交朋友，有能力的人，他的孩子也会很优秀……"

你不要觉得这话说得太庸俗，事实证明，把成功人士作为自己的榜样并不可耻。朋友与书一样，好的朋友不仅是良伴，也是我们的老师。聪明女人可以从劣于我们的朋友中得到慰藉，但只有向成功人士学习，才能对照出自己的不足，才是成就事业的最好的参照物，才会使自己不断地力争上游。而且，我们也必须获得优秀的朋友给我们的刺激，以助长勇气。

而且你应当明白，拉近与成功人士的距离，并不是太难的事情。首先将你所在城市的著名人士列出一张表，再把将会对你的事业有所帮助的人也列出一张表，之后就是每星期去试着结交一位这样的人。不久，你就会惊奇地发现，你的人生会有所改变。

不少人总是乐于与比自己差的人交际，因为借此能产生优越感，可是从不如自己的人当中，显然是学不到什么的。你所交往的人会改变你的生活。与愤世嫉俗的人为伍，他们就会拉你沉沦。结交那些希望你快乐和成功的人，你就在追求快乐和成功的路上迈出最重要的一步。对生活的热情具有感染力，因此同乐观的人为伴能让我们看到更多的人生希望。而拉近与成功人士的距离，则能促使聪明女人们更加成熟。

聪明女人总是试图拉近与成功人士的距离，把注意力放在比自己先成功一步的朋友身上。因为这样既有结交的机会，也容易领略到对方的内涵，更重要的是，能在需要有人助一臂之力的时候，找到合适的人帮忙。

3. 经常灌溉，让友谊之树常青

人与人之间的关系，是要靠经常的联系来巩固的。聪明女人把朋友间的经常问候当作最好的感情投资。经常抽出时间给朋友打个电话、发个邮件或短信，给他们一个非常普通的问候，都会让你们之间的关系保持恒温，甚至还会给他们带来惊喜，因为这表示你很重视他们的存在。

感情就是在不断的交往中加深的，要在相处中逐步体现你的关心、热情和帮助。在平时就表现出对别人的关心和问候，是非常明智的，只有这样，你才能在需要人帮助时得到别人的帮助。

在2000年《财富》杂志“全球女企业家50强”排名榜上名列榜首的卡莉·菲奥里纳，是世界上最优秀的女企业家之一。

菲奥里纳的父亲是联邦法院的法官，母亲是一位画家。童年时代的她深受父母的影响，励志要做成功女性。她随着父母游历过很多国家，使她长了不少见识，最大的收益是她认识到了朋友多的好处。在父亲的影响下，她到加州大学学习法学，大学期间，她经常帮助其他同学，与他们的关系处得非常好。她后来考入斯坦福大学，她依然和这些要好的同学常来常往。

25岁时，菲奥里纳加入美国电话电报公司，从事推销工作并开始崭露头角，随后又到该公司的设备部门，成功地帮助公司在日本、韩国等建立了几家大型合资企业。由于业绩突出，她成为公司北美销售部首位女性总经理。朗讯公司成立时，她被任命为公司副总裁。这一任命造就了美国商界最具实力的女性。

但是，眼前的成功并没有让菲奥里纳迷失，她在老同学、老朋友面前，依然是从前那个小女孩，并且始终与大家保持着紧密的联系。

然而，当卡莉·菲奥里纳加盟惠普的时候，公司已有80多个业务分支。年纪轻轻就提升为高级领导的菲奥里纳自然而然地受到朗讯公司那些资深男性的嫉妒，他们根本就瞧不起她。这个时候的菲奥里纳工作困难重重，事业举步维艰。

好在菲奥里纳拥有很多老朋友，大学时期的知心同学纷纷为她出谋划策。在大家的帮助、支持下，1999年7月出任惠普公司CEO的菲奥里纳通过整合，提出了新的公司理念：集中精力去考虑顾客的需要，而不是惠普的工程师的要求。经过一番努力，朗讯公司当年在股票上的收益为30亿美元，这样的业绩令菲奥里纳名声大振，也堵住了嫉恨她的人的嘴。

每周抽点时间向朋友适时地表达自己的问候和关心，这是加深感情的最佳方式，比如记住对他们而言比较重要的日子等。到时候如果能去，就尽量当面祝贺；无法脱身时，也要想办法表达自己的祝愿。

另外，聪明女人也不会忽略落魄了的朋友。一个人一生不会永远落魄，也不会一直辉煌，总是起起伏伏。古人用“三十年河东，三十年河西”来形容一个人地位的变迁；而在今天这个效率发达的年代，何须三十年？有时候，三年就今非昔比了。

老张曾担任某公司副总，每年年底，礼物、贺卡就像雪片一般飞来。可是当他离休之后，所收的礼物只有一两件，贺年卡一张也没有收到。以往访客往来不绝，而今年却寥寥无几。

正在他心情寂寞的时候，以前的一位女下属带着礼物来看他。在他任职期间，他并不很重视这位职员，可是来拜访的竟是这个人，不觉使他感动得热泪盈眶。过了两三年后，老张被原来公司聘为顾问，很自然地就重用提拔了这位女职员。

拓展人脉需要不断地认识新人，但仅仅这样是远远不够的。

因为人与人之间的感情都是培养出来的，如果长时间不联系，慢慢地就会变淡。任何人际关系都需要经常关注、维持，如此才能历久弥坚。

4. 老朋友间也不忘礼尚往来

常言道："有理走遍天下，无礼寸步难行。"但有些女人认为，只有有求于人的时候才适用这一条，相知多年的老朋友就不需要这么"客套"了。

聪明女人当然不同意这种观点。身为七家连锁超市负责人的乔安娜说："每当我在工作之余，收到一些来自老同学、老朋友的问候和礼物的时候，都会非常开心。朋友间更需要礼尚往来。礼可以简单随意，可情总能传达到位。不需要在节日来临时才往来，朋友间随时往来，才能让友谊在惊喜连连中变得更加稳固。"

礼尚往来是维系昔日好友之间感情的最佳手段。区区一薄礼象征着浓厚的情意，来自友人的一切赠予均珍贵无比。老朋友之间联络感情，小礼品是必备的，而且根据不同的人的喜好，设计得非常精巧，可谓人见人爱，很容易让人"爱礼及人"。如果在欧美，因为他们商业法规严格，所以你要深知送大礼物反而会惹火烧身，而小礼物绝没有受贿行贿之嫌，这样做还很适合当地的文化和礼节。

彼此相处得很好的朋友是以感情为基础，相互信任，相处融洽。既然是朋友，必定性格相近、兴趣相投，根据对朋友的了解，你随便挑选的礼物都会给他带来惊喜。收到礼物后，他往往会真诚地感谢道："还是你最了解我。"在朋友看来，最好的礼物不一定要最贵的。甚至你什么都不用送，花点时间陪他出去逛逛，相约一起去打球、看电影、爬爬山，就是一份不错的礼物啊。

但不可否认，朋友间的礼尚往来也有它的难处。朋友形形色色，熟悉的、才交往几次的、甚至未曾谋面的，送礼的难易程度全在于你对他们的了解深度。而且，给朋友送礼的场合何其多也！新年、生日、离别、出国以及各种喜庆日子，都是需要你送礼的场合。你会发现自己江郎才尽，再也想不出更好的点子了。那么就让聪明女人向你介绍一下朋友间礼尚往来的心得吧！

（1）送朋友礼物不求贵重

朋友之间，难道还有比友谊更珍贵的礼物吗？俗话说，君子之交淡如水，友谊在，一杯水也是好礼。

在朋友遇到挫折时，一张贺卡、一枝鲜花，或是一本小书，都包含着你对他的鼓励，有时，甚至一个微笑就够了。同样，在朋友意气风发、前途顺畅的时候，送上一份小礼，更是对他的激励和鞭策。

（2）投朋友所好

朋友间的礼尚往来，最好知道他本人最喜欢什么，这样，爱屋及乌，受礼者自然也就对你喜笑颜开了。给朋友送礼是一门艺术，自有其约定俗成的规矩，送给谁、送什么、怎么送都很有奥妙，绝不能瞎送、胡送、滥送。一定要借鉴一些成功的送礼经验，吸取一些失败的教训，让好朋友高高兴兴地收下你的礼。

（3）兴趣为上

朋友是因为共同的爱好和相近的志趣才走到一起去的。送给朋友感兴趣的礼物，能表明你对你们之间友谊的重视。

（4）送礼就送土特产。

对于土特产，一般的意义上都是尝个鲜，所以说无论是亲朋好友还是商务朋友，一般都不会拒收，因为拒收反而显得他们小家子气了。

（5）巧借名目

如果想送给朋友烟酒一类的，可以跟他打声招呼："今晚上你那儿聚一聚，你准备菜，我带酒。"到时带上酒和烟，喝一瓶留一瓶，顺手也就把烟留下了，礼也送了，感情也深了。

（6）真诚理解

给朋友送礼要真诚。勉强为之，或是有求于朋友时，才想起你的重磅礼物和糖衣炮弹，显然有悖于朋友的道义。

聪明女人非常注意朋友间的沟通。给老朋友送去礼品，可成为维系感情的桥梁，能够取得朋友的信任，加深彼此的友谊。

第八章

以柔克刚，发挥女人自身的独特优势

在说话办事方面，聪明女人都是“独树一帜”的。她们会利用女人天生的优势来克服人际交往中遇到的种种困难，实现以柔克刚的局势逆转，不能不让人折服。

1. 借助女性魅力优势

聪明女人的一生纵横驰骋、所向披靡，大有巾帼不让须眉之势。而她们的成功完全取决于她们对“刀枪剑戟都有征服不了男人心灵的时候，如水的柔情才是灵丹妙药”的正确认识。在向着成功奋进的道路上，她们时刻不忘发挥女性魅力的优势，用女人特有的温柔、细腻，帮助自己摘取人生的桂冠。

一个具有独特魅力的聪明女人，必定是精致外表、得体举止、悦耳声音、丰富言谈、善意眼神与聪明智慧、独立执着、坚韧不拔、温柔多情等内在美的完美结合。无论是青春妙龄还是白发苍苍，无论是靓丽动人还是姿色平淡，她们的魅力都似清风般轻柔，如月光般皎洁，似湖水般清澈，如甘甜的泉水一般甜润。这样的魅力女人，必将拥有不平凡的人生。

加拿大总督伍冰枝，是加拿大历史上第一位华裔女总督。她从一个难民成为女总督，正是她女性身上独具的魅力起了重要作用。伍冰枝祖籍是中国广东台山，1939年出生于香港；2岁时，日本侵略香港，伍冰枝一家沦为难民；3岁时跟着父亲以侨民和难民的身份撤离香港到加拿大首都渥太华定居。

读书期间，她深深体会到作为一个难民、外来移民所受到的不公平待遇。为了改变这种环境，她发誓要用知识改变命运，了解过去，展望未来，彻底改变外来种族不平等的待遇。

毕业后，伍冰枝在加拿大最大的广播电视台主持音乐、影视、舞蹈、戏剧等节目。她以极大的热情投入到酷爱的事业中，并立下心愿：凡事要做到110分。

由于有深厚的文化、艺术功底做基础，还精通英文和法文，再加上她优美的仪态、动听的声音、亲切柔和的笑靥，她制作的节目很快吸引了观众，几乎轰动了全国。她以自己独特的魅力，在主持人如云的电视界脱颖而出，成为很多人崇拜的偶像，连续多年被评为著名节目主持人。

伍冰枝性格开朗，对人亲切友好，对周围的人和事都感兴趣，有敏感的嗅觉和深刻的洞察力，这是她能成为著名主持人的重要因素。加拿大《国家邮报》评论她是“深受举国尊重，聪颖而正直，优雅而又平易近人，又没有党派的政治背景。虽然来自异国，但却深深热爱着接纳她的第二故乡的女人”。她在民众心中的形象则是：卓越的才华，独具亲和力。

随着她的社会知名度的提高，她被任命为安大略省驻法国的总代表。多年的工作经历和好学精神，让伍冰枝很快熟悉了业务，成为主持人兼外交官。不久，她因为工作高效、沉着自信，受到法国的好评。伍冰枝以她与众不同的魅力，在竞争激烈的加拿大政坛，以聪颖、自信、善良、可爱成为人人看好的女总督。

当任命公布后，全国朝野上下一片喝彩与叫好声：新闻界表示赞同这一决定；社会其他各界也纷纷致电总理办公室发出对伍冰枝的支持声；就连一向与联邦政府唱反调的魁北克政团都以百分之百的满意来认同这一提案。他们在此前曾要求联邦政府废除加拿大总督制度，而现在却转而对任命伍冰枝做总督予以支持，这不能不说是魅力女人伍冰枝创造的一个奇迹，也充分说明她获得社会各界人民支持的广度与深度。

伍冰枝的成功并非偶然。多年来，伍冰枝无论得多少奖项，始终用她温和的笑与周围人相处，以女性特有的魅力以及女性温情柔韧的力量征服了所有的人，从而赢得广大人民的喜爱，使她从一个难民升任总督。在她极富传奇色彩的生涯中，女性的魅力在中间起着不可忽视的作用。

这就是聪明女人特有的魅力，这种魅力让女人有一种摄人心魄的温柔力量。这种力量让女人驯服命运、驾驭命运，从而改变命运。女性的魅力优势让女人的能力得以升华。女性的魅力优势让女人拥有洒脱的人生。

梅加瓦蒂曾是“千岛之国”的印度尼西亚开国总统苏加诺的女儿，但她命运坎坷。19岁那年，苏加诺总统遭到软禁。梅加瓦蒂从高贵的公主成了社会上“不可接触的贱民”。这时的她不得不中止学业。后来，她和第一任丈夫拥有了一个可爱的孩子。但就在她怀第二个孩子期间，丈夫在执行飞行任务时突然失踪，下落不明。几年后，她与一位外交官结婚，婚后才两个星期，这个不负责任、玩世不恭的花花公子又有了新欢，最后弃她而去。

如此残酷的命运没有让梅加瓦蒂沉溺于痛苦的往事中。她清楚地知道，作为女人该如何走自己的路，而不是成为男人的附属品。她要用自己柔弱女人身上那些温情的力量，来扭转自己歪曲变形的命运。

梅加瓦蒂决心把身上的爱洒给深爱的事业。就这样，梅加瓦蒂在苦难生活中，一边肩负着家庭重担，一边利用业余时间不停地学习。学识和与众不同的经历，塑造了一个充满魅力的女人。不久，梅加瓦蒂跻身政界。

梅加瓦蒂以女人特有的温和谈吐、淡淡的笑容，在政坛上为自己树立了待人诚恳、谨言慎行、彬彬有礼的良好形象。直到担任民主党雅加达中央区会主席，她也依然保持女性矜持的低调作风。

至此，梅加瓦蒂随和的性格受到人们的欢迎。在众人眼里，她还是当初那个天真、善良、可爱的公主。2001年7月，坚定有力、富有感召力、威望很高的梅加瓦蒂在举国上下的欢呼声中宣誓就职，成为印度尼西亚的总统。

梅加瓦蒂从一个总统的女儿，一个人们不敢接触的“贱民”，一个渴求爱的小女人，一个默默无闻的职业女性，到收获事业、家庭幸福的女总统，这中间都因为她以女性的独特魅力作为动力，才走出生活的困境，迎接一个个艰巨的挑战，最终拥有成功的人生。

女人如果想像男人一样在事业上不断有所突破，就必定要借助一些女性特有的魅力优势。聪明女人只有最大限度地发挥了自己的这种女性魅力，才能脱颖而出，摘取人生的桂冠。

2. 温柔，女性独有的武器

以柔克刚、以静制动的温柔，是女人的共同特点，更是女性独有的武器。懂得运用温柔的成功女性，将变得智勇双全，在人生的路上攻克各种难关，所向无敌。

在文学名著《红楼梦》里，贾宝玉说过这样一句名言："女人是水做的。"水做的女人应该有水样的温柔，温柔是女性的性别特征之一，也是女性身上母性光芒的具体体现。温柔的聪明女人是最有魅力的女人。

温柔的女性善解人意，在极度的单纯中却有着深刻。生命的美丽需要女性的温柔来点缀，成功的事业需要女性的柔情来交际，幸福的婚姻需要女性的温柔来经营。古往今来，杰出的男人无不欣赏女性的温柔，马克思说他最喜爱的女性的性格就是温柔。

温柔，是上天赋予女人的秘密武器。女人用这件温柔的武器面对生活的挑战，使她们在人生的道路上所向披靡。在现实生活中，也有很多女性把温柔用于工作当中，常常能令她们在"山重水复疑无路"时创造"柳暗花明又一村"的奇迹。

温柔的聪明女人不管在什么情况下，都显得极具人情味，能够理解别人的种种无奈和苦衷，然后用女人的温柔化解它，使对方充满喧嚣的心灵变得宁静、自信，从而获得对方的好感。

自古"英雄难过美人关"，细细想来，温柔的聪明女人面对男人，总是攻无不克、战无不胜。多少英雄豪杰在战场上叱咤风云，具有“一夫当关，万夫莫开”的骁勇，但只要女人轻轻地晃动一下手中温柔的剑柄，便会引得无数英雄竞折腰。

聪明女人的温柔，是一门高级艺术，它是情感与心灵的完美统一，是一个女人品性的写照。温柔犹如一坛封存的老酒，无须摇动，只将坛口轻轻开启，芳香就会流溢出来，让男人心醉神迷。所以才会有那么多男人心甘情愿地陷落自己的城池醉倒在温柔乡里，不愿醒来。

聪明女人的温柔柔中寓刚，看似妥协，却暗藏攻击的利剑。

英国女王伊丽莎白英明睿智的形象早已深入人心，但她更有不为人知的温柔的一面。这一天，刚刚与老公闹了别扭的伊丽莎白从外面回来，老公因为生气把门反锁，自己不出来，也不让伊丽莎白进去。很长时间过去了，英女王怕老公在里面闷坏了，心疼地叫老公开门，说：“老公快开门啊，我是你的女王。”但他像没听见一样硬是装聋，不肯开门。伊丽莎白又说：“老公快开门啊，我是你的伊丽莎白。”对方仍不理睬她。女王伊丽莎白灵机一动，温柔地说：“老公，开门，我是您的妻子。”整日生活在英国女王的影子下的老公，受压抑已久，听了如此温柔的话语，如沐春风，叫他如何不开门？于是忙眉开眼笑地开门迎妻：“进来吧，我亲爱的夫人！”

温柔的力量就有这么强大。温柔是成功女性独有的武器，也是女性身上的美德之一。一个女人，无论她从事什么职业，无论她有多么独立，在她身上都隐藏着一份似水的柔情。再强悍的女人，她身上都具备着女性的温柔。也正是凭借这如水的温柔，才让女人既可以做一位柔情四溢的妈妈、一个男人贤惠的妻子，也可以拥有自己深爱的事业，成为身兼多职的女性。

温柔，给予女性最大的力量；温柔，是女姓独有的武器。聪明女人正是凭借这如水的温柔，创造出了属于自己的那一份灿烂的人生！

3. 聪明女人善于以柔克刚

大多数男人都希望自己能顶天立地，在家庭里是一个核心，同样在社会上也是一个不可缺少的人物。他们并不希望生活在自己身边的女人为他包办一切，那样反而会让他们在家庭中的位置受到动摇，在社会上的地位受到质疑。所以，聪明女人如遇到强大的男人，就会利用自身的温柔优势，四两拨千斤，这样就没有办不成的事了。

女人有许多天生的本钱，除了能为社会繁衍后代以外，另一个最大的本钱就是女人天生的温柔。在人际交往中，聪明女人总是温柔似水，化身为可以水滴石穿的水，把女人温柔的境界发挥得淋漓尽致。

就像寓言中说的：风和太阳看见地上有一个行人身上穿着一件外套。风便对太阳说：“我们来比试一下各自的力量吧，看谁能把那个行人身上的外套脱下来。”说完，它便铺天盖地一阵紧过一阵地向那个人刮了过去，想把他身上的外衣刮下来。但那人却将身上的外套裹得更紧了。太阳笑笑说：“风老弟，还是让我来吧。”只见他不慌不忙地钻出云层，朝大地洒下了一片温暖的阳光。不大一会儿，那个行人便觉得浑身发热，自动脱下了外套。

以柔克刚才是女人四两拨千斤的制胜法宝。在男性终究强势的人际场上，女人想要打下一片江山，必须巧妙地发挥自身的女性优势，以柔克刚，才能出人头地。

男人往往将强势作为谈判的砝码，但这种方法聪明女人是绝对不会使用的。不同情况有不同的应对方法，大多时候，女人只有做到以柔克刚，才能进退自如、成功办事。当然这个“柔”不是说向对方妥协，而是坚定不移地坚持自己的观点，削弱对方的意志，同时抓住要点进行攻击，使对方就范。

伊丽莎白夫人是美国一家石油公司的董事长，她为了公司在利比亚开采石油的日开采量和价格，同利比亚政府进行了谈判。她的谈判对手是个极为难对付的人——喀斯特。

这天，喀斯特在谈判时，带去了一挺机关枪，还很“粗心”地将枪口对着伊丽莎白。伊丽莎白夫人很快就明白这是喀斯特故意的。他在利用环境造势，这种造势其实是为了壮胆，因为他内心其实很虚弱。

在喀斯特开始辱骂伊丽莎白时，伊丽莎白夫人却神色如常地站起身来，将双手放在年轻的喀斯特的肩上，表现出长者对年轻人的体谅态度。经过一番紧张的较量，双方终于签订了协议。这次谈判，双方都各有所获，没有彻底的成败之分。伊丽莎白保住了她在利比亚的开采特权，而利比亚得以将税率增加80%，每桶油多收30美分。

林肯曾经说过："你不可能强迫别人同意你的意见，但却可以用引导的方式，温和而友善地使他屈服。"这个道理放在谈判中也是一样，用温和迂回的形式，以柔克刚，其实也是一种高雅的胜利，有时候比正面的回击更有效。

以柔克刚的聪明女人，是人际场中最受欢迎的天使。她们总是微笑着去唱生活的歌谣，从不抱怨生活给予的磨难。她们就算失败也不自卑，如果成功更不自傲。她们欣然地接受幸福，微笑着品味孤独，慵懒地在阳光下沐浴忧伤。她们用微笑的力量去关照周围，去感化周围，去影响周围。她们的微笑似一缕温柔的暖风，可以化解情感隔膜的冰霜，她们的脸上始终有一片不落的灿烂阳光。

聪明女人最可贵的本领就是以柔克刚。聪明女人的温柔是从女人的骨子散发出来的一种独特的气质，是母性与女性的综合体；聪明女人的温柔是心思敏捷、玲珑剔透、知冷知热、知轻知重、善解人意、恰到好处；聪明女人的温柔是一种教养，不可模仿，也无法速成。

现代成功女性对温柔的概念，在对传统定义进行扬弃中又加入了新的内涵。她们为了在男权的世界闯出一片天地，在交际能力和人格魅力方面都尽显柔和，以四两拨千斤的处世艺术，让别人开开心心地替自己做事。

4. 刚柔相济的女性战术

在人际交往中，聪明女人刚柔相济的办事作风最容易博得人们的好感。她们知道，“柔”永远是女人的基调，但有时也需要“刚”的辅助。只有“柔”与“刚”的完美结合，才是一个聪明女人说话办事最佳的怀柔战术。

最让我们熟知的杰出女性，无外乎那些以刚柔并济之术，在政坛闪耀其光辉的女性领导者了。在中国近现代波澜壮阔的革命潮流中，涌现了许多非凡杰出的女革命家、女政治家，有国人景仰的宋庆龄，有民众爱戴的邓颖超，有叱咤风云的蔡畅，有脍炙人口的鉴湖女侠秋瑾……她们无疑都是中国近代史上最成功的女性，他们刚柔相济的处世风格也让她们成为了中国历史上最柔美又不失铿锵的巾帼之花。

在现代社会，女人的处世交际中，刚柔并济依然有其神奇作用，且不可偏重一方。凡事都要针对具体情况，刚柔并用，千万不可绝对化。刚与柔相辅相成，太刚易折，太柔易废，刚柔相济，则无往而不胜，这是事物发展的内在规律。如果你是一个行政主管或领导，要做到令出必行，指挥若定，必须保持一定的威严。道理很简单，在领导指挥业务上，没有令对方与下属感到畏惧的威慑力，是不容易尽责称职的。

对于聪明女人来说，威严绝不等同于恶言相向、破口大骂。整日板着面孔训人，你的下属可能因此畏惧你而不敢接近你，甚至于将你孤立起来。发现了属下的差错，绝不姑息，立即指出，限时纠正，不允许讨价还价，要让属下滋生敬畏之心，才会使你威风凛凛。但是，只有威严是不行的，还得富有人情味。

对于犯错误者而言，一个经常性的毛病是对自己的错误习以为常，仿佛不识真面目的庐山中人，常常浑浑噩噩、糊糊涂涂。为此，我们同这类人对话时，可以先给予猛击一掌、当头棒喝，使其心灵受到震动，从而深刻反思；待对方有所触动之后，再对自己刚才言语的率直和态度简单加以道歉。这种方式近乎于“先硬后软，先刚后柔”，对于犯错误较深较大者尤为有用。

女人对于不喜欢的男士的追求，应该怎样办呢？解决之道就是刚柔并济的交友艺术。

首先，敢于面对现实，以柔显刚。对不喜欢的男士不要躲避。从心理角度说，多数人有很强的逆反心理，越是得不到的东西越觉得有意思，越想成功。特别是男孩，争胜心更强，追求一个女孩时，大有穷追不舍、滴水穿石之志。对此，女孩不妨找个机会，开诚布公地向他们表明自己拒绝的理由或苦衷，希望他们谅解，并渴望能友好相处。在这样的表白下，疯狂的追求者们会产生悔过感，一般会面对现实的。

其次，适可而止，把握尺度。朋友毕竟不是恋人，与朋友交往言谈举止要有分寸。在正常的人际交往中，关心别人、互相帮助、温柔大方是女孩们美丽温柔的体现；但不要有过分亲昵的表示（不论有意或无意），如甜蜜的话语、多情的眼神、超乎寻常的热情等。另一方面，对男士们的亲昵举止要明确表态，及时制止，不要拖泥带水。这样有柔有刚，刚柔相济，防患于未然。

最后，让同伴“插足”，使男士望而却步。在工作学习中，最好与一两个女孩结为同伴，相互谈心，相互照应。这样不给“疯狂”的男士们可乘的机会。有别人在场，他们敢找麻烦吗？这样就可以内蕴的“柔”的形式表达“刚”的内涵。

总之，聪明女人处世交友妙方多样，刚柔相济之法是其中重要的一种。风华正茂的姐妹们，当你们受“爱情攻击”而又不想过早涉入“爱河”时，请灵活运用你们的“刚”与“柔”，用你们“柔”的心灵、“柔”的微笑、“柔”的语言，和你们“刚”的自主意识、适时的“刚”的态度，使你的举止“柔”中有“刚”，“刚”中带“柔”。这样，既不伤害你与男士之间的友情，使友谊长驻，更会使你魅力无穷。

因此，女人在人际交往中，无论表现“刚”与“柔”，都应把握好分寸，因人而异，摸清对方心理。切记“刚”不是为了要威风，把矛盾激化，而是为了缓和冲突，转化矛盾，解决矛盾。“刚”到好处为硬而不脆、威而不逼。火候一到就要给人以台阶，叫人家体面地下台，使矛盾圆满解决。而“柔”呢，虽然感化力强，但局限性大。

对于“吃硬不吃软的人”，女人再用柔的策略，也无异于对牛弹琴，反而会被认为你是软弱胆小，助长其嚣张气焰。因此，“柔”的运用也要看对象、分场合，不能一概而论。如此，方能做到刚柔互举、刚柔并济。

刚柔相济，是聪明女人在面对人际交往中可能遇到的种种问题时，最有效的怀柔战术。她们也正是通过时而柔情蜜意、时而铿锵有力的周旋技巧，才在社交中做到进退自如、游刃有余。

5. 一句软话就能把事办成

说软话指的是一种语言修养，也是一种做人的心态，说话和蔼可亲，不张扬，不张狂。嗓门儿大了不一定占理儿上，不一定你就是老大。

很多时候，事情的成功就在于语言的态度和艺术。有人观察后得出：官场上或商场上的大赢家多说话谦虚，话说得让人很易接受，不知不觉你就听他的了；而那些失败者多是有好话没好好说，语气、语调盛气凌人，刁蛮张狂，给人以讨厌与他接触的感觉。“这人怎么不会说人话？”那就什么事儿都别办了，也没人跟你办了。

中国人历来是不愿意说软话的，这与我们的传统相关，因为我们历来歌颂和提倡忠厚老实、诚恳真实。但是，我们不能不注意到，随着经济的多样性发展和人际交往的频繁，重视人与人之间的交流包括语言的技巧成为一门必修课。

李雯是一位青年女干部。有一次她到广州出差，在街头的一个小摊位上买了几件小礼物，想回去送给亲朋好友。但付款时，李雯突然发现刚刚还在身上的一百多元外汇券不见了。当时只有自己和摊主两个人，显然与摊主有关。但李雯苦于没有抓住对方的把柄，当自己提及此事时，摊主翻脸说她诬陷人。

这种情况，换做其他女人一定火冒三丈。但李雯做领导有一段时间了，在解决问题上还是积累了一些方法的。李雯没有和对方来“硬”的，而是压低声音悄悄地说：“摊主，我一下子照顾了你百十来元的生意，你怎么能这样对待我呢？你在这个热闹街道摆摊，一个月收入少不了要上千元，我想你绝对看不上几张外汇券的。再说，你们做生意的，信誉要紧啊！”

李雯见摊主似有所动，又恳求道：“人家托我买东西，好不容易换来一点儿外汇券，丢了我真没法交代。你就替我仔细找找吧，或许忙乱中掉到哪件小玩意儿里去了。我知道，你们个体户还是能体谅人的。”

摊主终于被李雯说动了，于是就坡下驴，在一个陶瓷瓶中找出了外汇券，不好意思地还给李雯。

说“软”话会让对方觉得自己是在吃糖，心里甜甜的。李雯的一番至情至理的说辞，不但使钱失而复得，而且还可能挽救了一个差点儿沦为小偷的青年。

谁都愿意与谦和者共事。遇上不讲理的事你就软话好好说，原则不能变。软话为你最后顺利成事赢得了公众的理解与支持，那你就成功了一半。说软话其实就是既要谦虚谨慎，又得不屈不挠。一般人做不到，做到了你就不是一般人！

不会说软话的女人，真的不好办成事。为什么呢？道理很简单，在这样的沟通中，人与人的尊严是很关键的。我们都说人心不过是肉长的，其实也就是告诉你，人的弱点和可爱就在于需要互相尊重。那么，我们为什么不主动和别人好好沟通呢？

命令的口吻，对方不但会不理睬，说不定比你更硬。但如果以女人的特有优势来“软”的，对方反倒产生同情心，纵使自己为难也会顺从你的要求。

第九章

播种人情，谙熟求人办事的潜规则

古人常说：“受人滴水之恩，当以涌泉相报。”这里的“滴水之恩”也就是欠人的一份情。所以，善于办事的女人都不会忘记利用感情来打造自己的人脉关系网，因为这是最有效的一种手段。

1. 多在小事上体贴他人

大多数女人在小事上不太在意，甚至不屑一顾。但是，就像常言说的，“勿以恶小而为之，勿以善小而不为”。对别人的关心，也是一样的道理。在这方面，聪明女人就做得非常到位，不仅在小事上体贴别人，还能让对方感受到自己真挚的情谊，在对方心中产生很不一般的意义。

事实上，于患难处见真情的机会并不是常能遇到的，人们之间的感情更多是在日常琐事上。对于观察人是否真心，友谊是否长久，“日久见人心”是非常有效的。所以，是否能在小事上关怀别人，可以看出你对人的态度是友善还是冷漠，也更能获得别人的认同和感激。

居里夫人是深受世界人民敬仰和爱戴的波兰裔法国籍女物理学家、放射化学家。她在1903年和丈夫皮埃尔·居里及亨利·贝克勒尔共同获得了诺贝尔物理学奖，1911年又因放射化学方面的成就获得诺贝尔化学奖。同时，她还是居里学院的创始人。居里夫人去世后，与丈夫皮埃尔·居里一起移葬入先贤祠。

她之所以如此被她的人民所热爱，不仅仅因为她在科学领域的成就；更多的还是因为，她能够真诚地对待每一个人，即使在一些琐事上也不例外。

居里夫人的一名助手住在离她的房子不远的一栋小房子里。他的妻子由于很少外出，没什么机会到野外去看野禽。她曾经很好奇地问居里夫人天鹅是什么样的。当时，居里夫人就很耐心地向她描述了天鹅的模样和习性。第二天早晨，居里夫人打电话给助手的妻子，告诉她在他们房子外面的湖里就有一只天鹅。助手的妻子推开窗户的同时，看见了对面房屋窗户里居里夫人微笑的面庞。虽然这只是一件小事，但助手夫妇却对居里夫人感激不尽。像这样从来不吝啬在小事上关怀别人的人，一定会得到大家的爱戴，不管他是科学家还是小人物。

著名心理学家亚佛·亚德勒说过："对别人不感兴趣的人，他一生中的困难最多，对别人的伤害也最大。所有人类的失败，都出自这种人；在我们的生活中，不是每个人都有碰到大事的机会，更多的人只是在平凡的小事中度过了一生。所以，如果你保持了对别人的兴趣，处处在小事上体现对他人的关怀，就会赢得别人的信任。你在一些不经意的小事上展示你的诚意，别人会在惊喜之余，获得一份感动。"

事实上，生活中很多的问题，只是因为一方不把另一方放在心上，或者双方彼此冷漠，造成了种种仇视和敌意，并给我们的人际关系带来了很多障碍。如果你对别人多一份关注和关怀，相信人们之间的关系就会变得非常融洽。

一个富太太整天抱怨人们不喜欢她，并说她太自私、太小气。于是她找到了心理医生抱怨：“我的遗嘱上已经写好，要把我所有的财产捐给一家慈善机构。可是人们为什么还对我不满意呢？”

心理医生并没有向富太太正面解释，而是给她讲了一个故事：猪和牛都是家畜，但是人们对牛明显比对猪要好。猪想不通，就去牛那里抱怨：“人们说你友善固然很对，因为你给了人牛奶。可是他们从我身上带走的东西更多啊。他们得到的香肠、火腿、肉不都是我的吗？可是，人从来都没有喜欢过我，相反，他们总是对我非常讨厌。这到底是怎么一回事呢？”牛想了一会儿说：“可能是因为我在活的时候就给人许多好处了吧。”

心理医生的这个寓言告诉我们，要想赢得别人的尊重和喜爱，就要在平时的琐事中多给别人帮助，不要期待等到大事发生才去显现自己的关怀。待人用人，不仅当别人有困难的时候要伸手援助；在平常的时候，更要对别人多加关心，尤其在小事上要关怀别人，平时心里要始终装着他人的冷暖。

聪明女人认为，在小处关怀别人更容易得到别人的认同，也更容易拉近彼此之间的距离。所以她们总是乐此不疲，并且在不知不觉中为自己积累了很多人情。

2. 人情一定要做足

男人常说“为朋友可以两肋插刀”，但对于重视人情胜于江湖义气的女人来说，要想让朋友之谊成为帮助自己成事的力量，就要在维系人情上多下功夫了。聪明女人知道，如果没有了这个人情因素，朋友之间的关系就会淡漠，最后甚至消失。因此，在与别人相处的时候，聪明女人会非常注意人情的问题。而且，聪明女人对培养人情的观点是：人情一定要做足，半截人情只能是费力而不讨好。也就是说，人情不仅要做，而且要做得充分，让别人觉得你尽力了。这样，才能使你的人际关系更加牢固和谐，朋友也会更愿意在你需要的时候，伸出友谊的手拉你一把。

郑婉婷求朋友温盈盈帮忙办点事，温盈盈一口答应：“你就放心吧，交给我了。”几天之后，温盈盈倒是给郑婉婷帮忙了，但只帮了一半，自己就撤了。郑婉婷心里别扭，但又说不出什么来，只有在心里埋怨温盈盈：“要帮忙就帮到底，现在弄到半截不做了，这不让我骑虎难下吗？”

像温盈盈这样人情做一半，绝对是出力不讨好。帮忙要帮到底，帮到一半还不如不帮。因为你让当事人非常尴尬：“早知道你做不到，这事情我就不做了，但现在你已经开始做了，但又只做了一半，让我进退两难。”如果你做了这样的事情，非但不会在朋友那里落人情，反倒遭朋友抱怨；非但如此，还会影响被信任度。说话不算数的朋友谁都不愿沾。

同时，在送别人人情的时候，一定要表现得大方而豪爽。否则，即使你送了人情，但是你的表现却是心不甘、情不愿的，也同样让朋友耿耿于怀。既然答应了人家就要做，就不能做得勉勉强强。

晓敏刚买了一本书，自己还没来得及看，正好同事小张来串门，拿起书翻看了几眼就想借走。晓敏很犹豫，说：“你要借啊，这是我刚买的，还没看呢！”小张神色黯然，有点不高兴。晓敏觉得过意不去，就又说：“要不你先看吧，我借给你了。”虽然最后晓敏把书借给了小张，但小张心里已经有点不舒服了，又怎么会感谢晓敏借书的人情呢！无疑，这就是自己吃了亏又不讨好的“半截人情”。

聪明女人面对这样的事情，就不会像晓敏一样，说出前半句话。因为既然最后的结果是借给人家了，你不说也是借，说了还是借，与其说些废话还不如痛痛快快借给他，这样倒还落了个很足的人情。所以，人情要做足，好人要做到底。

还有一点，就是送人情的时候要举重若轻，而不能拈轻怕重。所谓举重若轻，就是即使你帮了别人很大的忙，也不要表现得像邀功的小丑一样；相反，要保持冷静，表现得和往常一样。朋友之间常有这样的应答：“哎呀，可太谢谢你了。”“咱哥儿们，谁跟谁啊，没事了！”这其实就是举重若轻。朋友找你办的事，若别人能办得成，朋友也不会找你了。你能办成肯定有功劳，用不着你自己再去炫耀。这样反倒会让朋友更加器重和感激你。

聪明女人在和朋友交往的时候，就会设身处地地为朋友着想，在朋友最困难、最需要帮助的时候，给予他们帮助，让他对自己心存感激。如果你能在朋友出现困难的时候，主动送“人情”上门，把人情送给正需要的朋友，那效果就更好了。从此以后，你的朋友肯定会对你感恩戴德，而你们的关系也就会更进一步。

3.做一个放人情贷的女人

那些善于依靠人缘的聪明女人，总是善于投资小小的人情，收获大大的实惠，让自己办起事来如鱼得水，非常顺利。

所以，女人们一定要善于利用自己周围的关系，把这些关系发挥到最大的限度，为自己办事成功助一臂之力。

刚刚步入30岁的海茹芸，通过转租二手房而成为了远近闻名的“金牌地产经纪”。可谁又能想到，她能有今天的成绩，居然都要归功于零食和招呼！

海茹芸事业的起步就是在自己居住的小区里。那时，她就利用保安的关系，做出租房屋的中介，从中赚了很多的钱。

几乎每一个到这个小区租房子的人，最后都会找海茹芸租房。为什么呢？原因就在于海茹芸和大门口的保安关系搞得特别好。大门口的保安等于是小区的一扇窗口。每次有人要租房子，第一个就是问他们："这里有没有人要出租房子？价钱多少？"

只要有人向这些保安问询一些消息，保安每一次的回答都是："你去问问那个住在一楼的海茹芸，她有很多信息，你就不需要再去找其他中介了！"想知道为什么保安会对海茹芸这么好吗？因为在这之前，海茹芸每一次从大门经过的时候，总是向他们打招呼，把这些保安当成自己的朋友。不但逢年过节送红包，平常有好吃的，也记得拿出来与他们分享。这些保安们自然对海茹芸心存感激，自然愿意帮海茹芸的忙了。

海茹芸的做法告诉我们：办事的关键并不在于你多么聪明、懂得算计，最重要的是，如何依靠人缘办事。海茹芸就是利用和这些保安的良好关系，使自己十几年来一直从出租房屋中不断地得到成功。

从办事的艺术上来讲，善于利用关系，你办起事来，将如虎添翼，一顺百顺。

现如今，赤手空拳打天下、白手起家的神话已经基本不存在了，那种想法也是不现实的。聪明女人非常善于依靠人情，从而使自己拥有一对翱翔宇宙的丰满羽翼，比其他人升得更快，飞得更远。关系网就好比是一条八脚章鱼，每一天每一分钟里都在不停地集合、交错，只是我们自己常常不自知、不在意，因而常常和“人情”擦身而过！不要只看着关系中的显贵，太看重显贵会忽视其他更多的普通人。在适当的时机，任何一个普通人都可以扭转乾坤，成为你的大贵人！

郭姗姗在乘坐飞机出差时，和邻座的谢媛媛聊了起来。谢媛媛过去是做律师的，后来逐渐厌倦这一行业，于是，就辞职自己开办了一家公司，现在这家公司发展得非常红火。郭姗姗和谢媛媛聊得很是投机，到目的地后，她们匆匆交换了名片。

过了几个月后，郭姗姗所在的单位倒闭了，郭姗姗找了很长时间工作也无着落，她非常着急。有一天，她忽然想起了谢媛媛，于是就给对方打电话，说明了自己的情况，问那里有没有适合自己的岗位。虽然谢媛媛的公司目前不缺人，但她还是帮郭姗姗介绍了另一家公司，让其去面试。就这样，郭姗姗找到了新的工作。

郭姗姗的故事告诉我们，利用各种关系帮自己走出困境，利用这些关系成就一生的事业，从此改变自己的命运也不是不可能的事情。

人情就是女人的一笔无形财富。只要大家学着做一些感情投资，就能成为在人际交往中事事无忧的聪明女人。

4. 助人于危难，而不是锦上添花

在与人交往的时候，女人们总是想从别人那得到什么东西。事实上，聪明女人知道，要想得到必先施予。但施予也要讲究技巧，并不是所有的给予都会有效果。

聪明女人会在别人处于危难之时给予帮助，因为这样，对方将会记得很久，感受也最为深刻。古人云：滴水之恩，当涌泉相报。为什么要报？因为没有这一滴水，别人可能就没命了，这一滴水就是活命之水！宋江为什么得到那么多英雄好汉的尊敬，正是因为他总是在别人最需要帮助的时候出现，以致人们称他为“及时雨宋江”。“及时”非常关键，帮得早不如帮得巧。

郑长城和陈心宜都是同一个公司的经理，因工作的原因，两人曾经当着老总的面大吵过一次。但当陈心宜听说郑长城因为其他原因被检察机关带走后，她还是辗转打听。在得知郑长城被关在看守所里后，她当即托人给郑长城捎去1万块钱，并给郑长城90岁的母亲1万元，给郑长城妻子1万元。

陈心宜不仅没有落井下石，反而助他于危难，让郑长城一家人感激不尽。后来，郑长城的女儿想出国留学，郑长城的妻子向陈心宜求助：女儿留学学费不足，想借10多万元。按理说，老郑家缺钱，求谁也不能再麻烦陈心宜了。但陈心宜知道，郑长城的妻子已经求了一圈人，据说过去那些曾经“亲切地摸过孩子头”的叔叔们，个个推之唯恐不及；万般无奈，她才又把视线转到了陈心宜这里。于是陈心宜决定再一次雪中送炭。

当陈心宜把这些钱送到郑长城妻子手中时，这个在丈夫出事后一直坚强支撑的女人，强忍了几个月的情感阀门一下子被打开了，失声痛哭，令人动容。最后，郑长城的妻子执意为陈心宜打了借条，并说陈心宜是他们全家人的大恩人，他们一定会报答。

所以，为人处世要注意恰到好处。在别人有困难的时候，给别人以帮助，是最得人心的举动了。如果你能在别人最需要你帮助的时候出现在他面前，那么，你就成为了他的恩人。什么时候你有了困难，对方也会在关键的时刻助你一臂之力。

如果你本来了无大功，只顺水推舟，结果却两边讨好，大得人情，这是处世的恰到好处。所以，对别人的帮助或者援助，要做到恰到好处，关键是及时。助人于危难比锦上添花好。如果别人这个时候不需要帮助，为了表示你的友好，你非要主动帮忙，这就不但不会起到什么好的效果，别人反倒以为你这是故意要让别人欠你人情，并不是什么真心实意的帮助。

给予的最好时刻就是在别人最需要帮助的时候，助人于危难，而不是锦上添花。大家都帮的时候，你的作用就显现不出来，别人也无从感受到你的诚意；但是在他危难时帮他，他就会感激你。

5. 人情虽小实惠多，一本万利好投资

在与他人交往的时候，最容易让对方产生信任和感动的，往往并不是你那些倾囊相助的义举；相反，平时的小恩小惠更能拉拢住别人，从而使自己在人际上、生意上变得畅通无阻。聪明女人知道，这些平时的小恩小惠会在将来为自己带来不可估量的人情回报，可谓是一本万利的投资项目。

利用人们无功不受禄、无劳不受惠的心理，给别人施些小恩小惠，就起到了四两拨千斤的作用，达到投资人情的目的。

王倩倩以女老板的身份经营一家小企业多年。她之所以能长期承包那些大建筑公司的工程，全靠她经常对这些公司的重要人物拉拢关系。而王倩倩更高明的地方在于，她不仅奉承公司要人，对年轻的职员也殷勤款待。

平时，王倩倩总是想方设法将那些大公司中各员工的各种情况作一个全面的了解。当她发现公司里有人大有可为，以后可能会成为该公司的要员时，不管他有多年轻，都尽心款待。因为她明白，十个欠她人情债的人当中，有九个会给她带来意想不到的收益，她现在是在为以后更大的利益做很划算的投资。

所以，当年轻职员小王升为科长时，她就专门找了个时间前去祝贺，并赠送礼物。等小王下班之后，她还盛情邀请小王到高级餐馆用餐。小王自然对王倩倩的招待很感动。小王认为，自己从前从未给过这位董事长任何好处，并且现在也没有掌握重大交易决策权，可见王倩倩是真的爱惜人才，是个好人！

对此，王倩倩却说："我们企业公司能有今日，完全是靠贵公司的帮助，而你作为贵公司的优秀的职员，我向你表示谢意，是应当的。"王倩倩的这番话，又给职员减轻了心理负担。果然，没过多久，小王凭借自己的实力登上了这家大公司的经理职位。自然，王倩倩的小恩小惠就起了作用了。在生意竞争十分激烈的时期，许多承包商倒闭了，而由于小王对王倩倩的大力支持和帮助，她的公司仍旧生意兴隆。

即使在公司管理内部，聪明女人的这种小恩小惠的人情投资方法，也是相当有效的。实际上，平时的小恩小惠花不了多少钱，主要花费的是"笑脸"与"关怀"。有时候，也就是多说几句好话或者客气话的问题。可如果平时不花精力去做这些事，那么，到了紧要关头时，你就只得出远远高出小恩小惠数百倍的"高额悬赏"才能"激励"他们了。因此，即使从经济上来说，平时的小恩小惠也是划得来的。

某公司经理张敏就是一个懂得用小恩小惠来拉拢人心的一个管理者。公司有一个司机经常性胃痛，张敏知道之后，就嘱咐他多注意饮食。而每次公司让他出车时，张敏都要他带上一包饼干，怕他半路上因饥饿又把胃病给激发了。

张敏在公司总是笑脸迎人。偶尔看到职员手头紧、吃得差，还要“骂”他们几句，然后自掏腰包让他们出去吃点好的。由于公司午餐大家不太爱吃，她干脆专门派人去饭店里点菜，带回来大家一起在会议室里聚餐。遇到有员工因为忙于发货而耽误了吃饭时，张敏都会请客，额外还给他们一些补贴。张敏的这种小恩小惠让公司的氛围非常融洽，公司的效益也是节节升高。职员见了张敏都亲切地喊她“张大姐”。

可见，平时的小恩小惠对自己的实际意义是多么重大。因为平时的恩惠会让别人觉得你这种行为并不做作，也不是故意拉拢人心之举。如果你平时不注意对别人小施恩惠，只在关键时候拉拢别人，别人则会不屑一顾。

第十章 恰当得体，言行谨慎办事顺

俗话说“人有逆鳞”，在说话办事的时候如果不够谨慎，触犯别人的忌讳是很容易发生的事情。聪明女人正是时刻谨记这一点，力求每一句话都说得恰当，每一件事都办得得体，才顺利走入成功之门。

1. 说话迂回，先“软化”再开口

聪明女人有求于人的时候，总是说话谨慎。当对象是些不易接近的人的时候，她们先用巧妙的言语软化对方的强势，再开口相求的时候，自然就水到渠成了。

先“软化”再开口，就是避开会让对方产生反感的话题，拐弯抹角地讲。在求人办事的过程中，总会有一些使人们不便、不忍或者语境不允许直说的东西。于是，聪明女人总是故意说些与本意相关或相似的事物，对本来要直说的内容进行“减震”。

一家著名的杂志社的总编辑李紫薇身边缺少一位精明干练的助理。经过挑选，她将目光瞄向了年轻能干、有活力的张可馨。

李紫薇希望张可馨能在事业上帮助自己，帮助自己这家大杂志社成功地出版更多、更好的杂志。而当时张可馨刚从国外的某著名大学法律系学成归国，正准备回到家乡从事律师工作。

为了能留住她，李紫薇迂回进攻，便先请她到一家很不错的饭店吃饭。吃过饭之后，李紫薇提议请张可馨到杂志社去玩玩。

那时恰巧国外部的新闻编辑不在，于是李紫薇对张可馨说：“请坐下来，为明天的报纸写一段关于这消息的社论吧。”张可馨自然无法拒绝，于是提起笔就写了起来。社论写得很棒，李紫薇看后也很赞赏，于是李紫薇请她再帮忙顶缺一星期、一个月，渐渐地干脆让她担任这一职务。张可馨就这样在不知不觉中放弃了回家乡做律师的计划，而留在这家杂志社做起了新闻记者。

在这里，求助者虽然没有用语言表达出自己的想法，但她还是用委婉的方式降服了对方，使被求助者按自己的意愿做事。由此，聪明女人们得出了一条求人办事的规律：直白不如婉求，最好先“软化”再开口。

求人时，搞不清对方葫芦里卖的什么药，或者有些话不能直言，聪明女人就会投石问路、摸清底细；有时候为了使对方减轻敌意，放松警惕，便绕弯子、兜圈子，甚至用“顾左右而言他”的迂回战术、将其套牢。

其实，在求人办事的语言的表达艺术中，有种方法叫作“缓冲”。它能使本来也许是困难的交往变得顺利起来，让听者在比较舒适的氛围中接受信息。因此，就有人说“委婉”是求人办事技巧中的“软化”艺术。

有这样一个故事，说有一个农夫推车上坡，但坡很陡峭，农夫走到半路实在推不动了。这时他急中生智，把车停在原地，放开嗓门唱起歌来。他这一唱不要紧，前面的人停下来看他，后面的人也想知道发生了什么事，纷纷凑过来。而农夫则乘机央求大家帮着推车。大家不好拒绝，一齐用力，车就推上了坡。

这位农夫的办事策略堪称高超过人，无与伦比。本来是求人帮忙，但因为农夫了解人们好奇围观的心理，所以他不靠蛮力，而是使别人的帮忙变成自觉自愿的行为，求人办事不露声色，浑然无迹。这一点，是求助者们都应该学习的。试想，如果他没有办法招人来推车，就算他用尽力气也不能把车推上坡。

远行之人，前有高山挡路、石头绊脚，自然会想办法绕过去，或动脑筋另辟蹊径。求人办事，首先就要缩短彼此间的心理距离，这是成事的前提条件。所谓“伸手不打笑脸人”，说话委婉、语言得体，就能在无形之中疏通交流渠道，拉近距离，减少办事的阻力。

2. 为人低调，给他人留下余地

聪明女人总是信奉“人生一世，万事万物不可向极端发展”的道理。无论做什么事，都要给他人留下余地，这样，才会使自己低调、宽厚的形象深入人心。

为人低调为聪明女人带来了很多好处，一是给自己留余地，使自己行不至绝处，言不至极端，有进有退，措置裕如，以便日后更能机动灵活地处理事务，解决复杂多变的社会问题。二是给别人留余地。无论在什么情况下，也不要把别人推向绝路，万不可逼人于死地，迫使对方作出极端的反抗，这样一来，事情的结果对彼此都没有好处。

李世民当了皇帝后，一向低调、恭谨的长孙氏被册封为皇后。当了皇后，她深知作为“国母”，其行为举止对皇上的影响相当大。因此，她处处注意约束自己，处处做嫔妃们的典范，从不说过头话，从不做过头事。

长孙皇后从不把资财任情挥霍，从不搞特殊化。她的儿子承乾被立为太子。有好几次，太子的乳母向她反映，东宫供应的东西太少，不够用，希望能增加一些。长孙皇后对此只是低调处理，并说：“做太子最发愁的是德不立、名不扬，哪能光想宫中缺什么东西呢？”

长孙皇后不仅为人低调，而且对朝中事务也从不多加干涉。李世民很敬重她，朝中赏罚大臣的事常跟她商量，但她从不表态。李世民让长孙皇后的哥哥长孙无忌做了吏部尚书，长孙皇后坚决不同意皇上委哥哥以重任，说“害怕她的亲戚以她的名义结成团伙，威胁李唐王朝的安全”。之后又来做哥哥的工作，说服他主动上书辞职。李世民不得已，便答应授长孙无忌为开府仪同三司，皇后这才放了心。此后的朝政官任中，长孙无忌也经常受到皇后的劝导，成为一代忠良。

长孙皇后得意时不把各种好处占全，不把所有功名占满，实在是很好地坚持了为自己留余地的天规。这样，不但不会使自己招致损害，而且还使自己在未来的人生旅途中进退有据，上下自如。

《菜根谭》说：“径路窄处，留一步与人行；滋味浓的，减三分让人嗜。此是涉世一极安乐法。”留人宽绰，于己宽绰；与人方便，于己方便。所以，身为21世纪的成功女性，她们更知道低调做事的意义。

在韩国2005年版的《福布斯》杂志，以当年9月末的股价为基准，调查了国内女富豪所持有股票的总价值。新世界公司女总裁李明熙，成为韩国唯一持股市值超过一万亿韩元的女富豪。

李明熙作为韩国最有钱的女富豪，其为人十分低调。作为一个公众人物，她甚至不喜欢在公共场合露面，不喜欢接受媒体采访，不喜欢参加造势活动，也不喜欢谈论自己的公司。李明熙不像其他商人那样过多地在意自己拥有多少资产，她更重视的是一个现代女企业家内在的涵养。在韩国的商界，拥有低调、内敛的女性气质的李明熙，可谓一枝独秀。

几年来，李明熙经过挫折和起伏，终于成为事业有成的女企业家，在韩国公众中影响巨大。因为没见过李明熙本人，所以人们总是把她想象成一位衣着华丽、打扮考究，过着富贵生活的女人。的确，对于一个拥有亿万资产的女人来说，过这样的生活也不为过。但事实却是，李明熙和普通人一样，甚至比普通人更低调。她总是衣着朴素，举止言谈间不时还会流露出质朴、亲切的笑容。

即使是在接受采访的时候，出现在记者面前的李明熙，依然只是化着淡妆，温和的微笑，朴实的语言。在她身上，看不到丝毫衣着华丽的女富豪的样子。她是那么普通，普通得和我们没有什么两样。

但事实上，外表温婉的李明熙，内心却充溢着激情。她的低调、留有余地，都是为了给合作伙伴留下更多的发展空间，让更多的商业对手成为自己的合作者，让更多的消费者乐于接受自己的产品。

很多女人在追求成功的过程中，习惯于自我膨胀、自我鼓吹。通常情况下，只有十分之一甚至更少的事实，在这些人的三寸不烂之舌的作用下，就变成了十分。

聪明女人知道，自我膨胀的人是不受欢迎的，他们不仅看不到自身的不足，还招来了数量不小的“敌人”，结果往往是害人害己。

自我膨胀，就是为了一个虚名而已，借以满足自己无谓的虚荣心罢了。但是，由这种手段得来的名声，其实只是昙花一现，转瞬即逝，到头来它只是个镜中花、水中月而已。聪明女人早已看清了这种现实，所以她们要把低调做事的风格坚持下去。她们坚信，给别人留有余地，别人才会给自己留下发展的空间。

3. 人际交往中要给人留足面子

聪明女人知道，人向来都是视面子如生命的，即使他是个一无是处的男人。每个人都需要面子，以表明他在人群中间有优越感。但有些女人在这方面却总是不够注意。

孙悟空大闹天宫的故事相信大家都知道，十万天兵天将都制服不了他。结果太白金星出主意，封孙悟空为“弼马温”，果然让悟空的心理得到了极大的满足，高高兴兴地做起了“弼马温”，把一群天马养得是膘肥体壮的。但后来悟空知道了真相，又大闹天宫，回到花果山做起了齐天大圣。结果托塔李天王、哪吒三太子都拿他不住，最后只好还是封他做了个“齐天大圣”的虚职，让他去管理王母娘娘的蟠桃园。虽然没有什么权力，但是这个“齐天大圣”的头衔也让孙悟空感到很有面子，也着实安分守己了一段时间。

孙悟空尚且如此，现实生活中的凡夫俗子们，就更是离不开“面子”了。

聪明女人会在人前给足别人面子。因为她们知道，在办事时，如果不顾及别人的面子，交情就谈不上了，以后办事就更不可能了。所以在人际交往中，要懂面子，首先就是要懂得如何照顾男人的面子。

胡双燕是南京一家木材公司的销售部经理，她以前总是很直接地指出那些对木材不是很了解却大发脾气的男检验员的错误。虽然最终她都是胜利的一方，可争论毕竟对谁都是一点好处也没有，反而使公司损失了很大的利益。于是，胡双燕决定尊重一下别人的意见，改变处世方法。

有一天早上，胡双燕办公室的电话响了。一位男客户在电话那头焦躁愤怒地抱怨运去的一车木材完全不符合他们的规格。他的公司已经下令停止卸货，并要求胡双燕立刻安排人把木材搬回去，他们拒绝接受这样的木材。

胡双燕对客户进行了简单的安抚工作之后，放下电话就赶紧动身到对方的工厂去一探究竟。途中，胡双燕一直在寻找一个可以解决问题的完美办法。若是在以前，胡双燕会以自己的工作经验和知识，并引用木材等级规则来说服对方的检验员，那批木材是符合规格的。但是这次胡双燕认为给对方留面子，让他认识到是自己的失误才是最佳的解决办法。

胡双燕到了之后发现，购料主任和检验员王永铭都闷闷不乐，一副等着自己和他们抬杠吵架的姿态。于是胡双燕先走到卸货的卡车前，请搬运工们继续卸货，但是让工人们把合格的木材和不合格的木材区分开摆放，自己则不出声地站在一旁观望。

胡双燕看了一会儿，终于明白了，原来不是王永铭检查得太严格，而是他把检验规则弄错了。那批木料是黑檀木，而王永铭虽然对红木的知识很丰富，但对黑檀木却不够了解。胡双燕却并没有指责王永铭的错误，而是谦虚地问王永铭那些木料为什么不合标准，而且强调说自己向他请教，只是希望在以后的交易中，能提供让对方公司满意的木材。胡双燕的做法无疑让对方对她的态度感到很满意，于是他们之间的对峙气氛开始消散了。

同时，在胡双燕的提问之下，王永铭也觉得有些原本自己认为不合格的木料可能是合乎规格的，于是他们也开始向胡双燕咨询有关黑檀木的相关问题。而胡双燕也趁机向他们解释为什么那些木料都是合格的，同时向他们保证：如果他们还是觉得不合格，自己也不会勉强他们收下。

在这种友好的氛围下，王永铭认识到问题出在自己黑檀木的经验不多，并且也没有向胡双燕的公司详细地说明他们想要的木材等级。最后的结果是，胡双燕走了之后，对方重新把卸下的木料又检验一遍，这次他们全部都接受了。胡双燕收到了一张全额支票。

就这样，胡双燕通过给对方留面子的方法，避免了与对方发生正面冲突，而是让其自己意识到问题所在，从而顺利地把事办成。

所以，聪明女人就是因为懂得给人留面子的重要性，说话办事的时候才方便了许多。只要能放下自己的面子，给别人一个大大的面子，相信你也会在说话办事时获益匪浅。

那么，聪明女人们究竟是怎样处理人的面子问题的呢?

首先，聪明女人不与人争面子。

面子要让给别人，女人不要去争。争面子的事，于人于己都没好处，只会伤了和气。倘若你自恃自己的面子大，不把别人放在眼里，碰上死要面子的人，就可能不吃你那一套，甚至可能和你对着干，这样常会把所结成的关系搞糟。

其次，别人的面子要给足。

在知道人们是如何地注重面子之后，还必须尽量避免在公众场合内使人难堪，必须时时刻刻提醒自己不要做出任何有损他人颜面的事。

聪明女人会尽量给人面子，因为她们相信，只有处处给他人留足面子，自己才会收获天大的面子。其他女人如果能明白这一点，在说话办事的时候，定能有所获益。

4. 开口说话，忌生硬无礼

说话在女人们交际的时候占了绝大部分时间，但很多女人并不注意自己说话的方式和语气，以至于说出来的话让人觉得别扭，甚至让人生气。聪明女人则不然，她们知道说话的方式在很大程度上决定了自己和别人交流的效果，所以，聪明女人开口说话时，绝不会出现生硬无礼的情况。

古时候，有个大户人家的夫人，带着几个随从乘马车赶路。时至黄昏，住处还没着落。忽见前面来了一位老农，夫人便在马车上高声喊道：“喂，老头儿，离旅店还有多远？”农夫回答：“五里！”夫人于是命马夫策马飞奔，向前赶路。

结果跑出去十多里仍不见旅店。夫人暗想，这老头儿真可恶，非得回去整治他不可，并自言自语道；“五里，五里，什么五里！”

猛然，夫人醒悟过来，这“五里”不是“无理”的谐音吗？于是拨转车头往回赶。见那位老农还在路边等候，夫人急忙下车，亲切地叫了一声：“老大爷。”话没说完，农夫便说：“你们已经错过了路头，如不嫌弃，可到我家一住。”

有的女人说话不讲究方式，总是语气生硬，尽管内心并无恶意，但总是惹人讨厌。不管你对别人的真实观点如何，别人都渴望你以尊重的态度对待自己，而说话的语气和方式正是你表达尊重的重要方式。所以，在和别人说话的时候，一定要注意自己的表情、言语和语气，切忌不讲究方式的随心所欲。

邵佳佳是个善良的女孩儿，工作能力也很强，已经当了部门经理，但是她在公司里总是不招人待见。什么原因呢？她太心直口快了！有啥说啥，丝毫不懂得含蓄婉转，所以经常得罪同事。

上午，邵佳佳看到公司的饮水机没水了，就对同事小齐说：“你去换桶水吧，我看现在就你闲。”小齐听了很生气：“什么就我闲？你没有看我在构思下一个月的销售方案吗？”邵佳佳碰了一鼻子的灰。

中午，邵佳佳到销售部，对小刘说：“小刘，你给我把这个月的市场调查小结写一下吧！”小刘头也没抬，冷冷地说：“领导就是领导，说话都这么有魄力！”很显然，小刘生气了。邵佳佳心想，怎么回事，吃错药了吗？她顺手拿起旁边的《客户资料清单》，看完后说：“这是谁做的？连制作人都没写，真是太不负责了！”旁边的助理小王夺过表格：“你怎么说话呢？这是经理吩咐的！”

下午，几个同事在一起谈话，让邵佳佳说一说对公司管理的看法。于是邵佳佳放鞭炮一般，把自己的想法全说出来了：“我认为目前我们公司的管理一点儿也不合理，而且人浮于事，根本不像一个大企业的样子。”大家不爱听了，认为邵佳佳话里有话，讽刺其他几位经理。

下班之前，同事小汪问邵佳佳，某某事情可不可以拖一天，因为手头有更重要的事情要做。邵佳佳声色俱厉地说：“你别找理由了，这可是你分内的事，又不是给我做，你看着办！”小汪也不甘示弱，说：“喂，请注意你的态度。我就是没时间，我必须完成上面交给我的重要任务。别以为你是多了不起的人物！”邵佳佳气得发抖，说：“我怎么了？我实话实说，有什么不对了？”

邵佳佳正在生气的时候，副总经理走进来对她说：“别生气了，你知不知道，大家私下里都叫你西伯利亚寒流。”邵佳佳不解地问：“为什么呀？”“因为你说话总是黑着脸，直来直去，不注意表达方式，经常令人难堪。”邵佳佳顿时愣住，一下子明白了自己在公司不受欢迎的原因了。

话是每天都要说的，所以，你的语言是一个非常重要的交际工具。说话有着非常大的学问。将心比心，每天你都要听到别人对你说的话。什么是好听的？什么是你不爱听的？通过观察你会发现，那些让你不爱听的话，很多时候并不是毫无道理，只是表达方式有问题而已。

聪明女人知道，说话不仅是为了沟通，更重要的是让别人愉快地接受自己的建议，所以这其中是需要很多技巧的：

（1）语速要适当

说话速度过快，容易让人产生你很强势的错觉，给人以压迫和强制感；另外，过快容易让人无法接受你表达的意思，给人以敷衍的感觉。过慢的语速会让人觉得你漫不经心，不拿别人的时间当回事，也是不尊重人的表现。保持适当的语速，就会避免上述情况的发生，有助于表达你的思想和观点，对方也容易理解和接受。

（2）语气要平和

人与人在人格上是平等的。对待比自己地位高的人，没必要低三下四；碰到比自己职位低的人，也不要盛气凌人。别人对你的认可或尊敬，是你人格的魅力赢得的，而不是语气。

（3）恰当用词

同样的事情用不同的词，就会表达两个截然相反的观点，所以，用词非常重要。你必须时刻注意你的措辞，表达意思的时候尽量多用中性词或褒义词；表达不同的意见或批评要委婉，切忌直来直去，更不要冷嘲热讽。

（4）语调要明朗

语调能直接表现你的情绪和观点。很多人不注意说话时的语调，总是随着情绪波动。其实，语调对语言的效果影响非常明显，明快的语调比有气无力死气沉沉的语调更让人容易接受。

我们和别人沟通，大多数时候靠的是我们的语言。如果你在语言的表达上出现了问题，即使你内心并没有恶意，也会给别人带来不快，甚至误会。所以，我们在和别人说话的时候，一定要注意，以一种舒服愉快的方式和别人交谈，这样才能获得好的沟通效果。

5. 避免言语触碰对方的“逆鳞”

聪明女人在社交场中，会时刻注意甄选谈话的内容，尤其是与初次见面或不是十分熟识的朋友寒暄时，会尽量避免谈及一些让人尴尬或者敏感的话题，以免触碰到别人的“逆鳞”，为自己带来麻烦。

在一次宴会上，尚文慧向邻座的太太讲起了某校长的秘密事，同时表现出对那位校长卑鄙行为的大为不满，并说了一堆攻击的话。

直到后来，那位太太才问她道：“小姐，你认识我是谁吗？”

“很抱歉，我还没请教你贵姓。”她回答道。

“我是你说的那位校长的妻子！”

尚文慧窘住了，但隔了一会儿，她却凛然地问道：

“那么，你认识我吗？”

“不认识。”那位太太摇头作答。

“哦，还好，还好！”尚文慧如释重负地说道。

这里，尚文慧就犯了随便对人说话的毛病，触碰了别人的“逆鳞”。幸亏那位太太不认识她，否则，不仅现场非常尴尬，还可能因说校长的坏话，给自己带来十分不利的影响。

女人在与人交谈时要懂得不去触碰对方的禁忌，更不能深入到别人的禁区。而最危险的情形莫过于以下几种：

（1）当众谈对方的隐私和错处

当众谈及对方隐私错处，会使对方感到难堪而恼怒。因此在交往中，如果不是为了某种特殊需要，一般应尽量避免接触这些敏感区。在必要时，聪明的女人会用委婉的话语暗示自己已经知道他的错处或隐私，让他感到有压力而不得不改正。会权衡的人只须“点到即止”，一般是会顾全自己的脸面而悄悄收场的。如果当面揭短，说不定会让对方恼羞成怒，或者干脆耍赖，出现很难堪的局面。对于一些纯隐私、非原则性的错处，最好的办法是装聋作哑，千万别去追究。

（2）故意渲染和扩大对方的失误

在交际场上，人们常会碰到这类情况：讲了一句坏话，念错了一个字，搞错一个人的名字，被人抢白了两句，等等。这种情况，对方本已十分尴尬，生怕更多的人知道。所以不要大加张扬，故意搞得尽人皆知，更不要抱着幸灾乐祸的态度，来个小题大做，拿人家的失误来做取笑的笑料。因为这样做不仅对事情的成功无益，而且由于伤害了对方的自尊心，你会结下怨恨；同时，也有损你自己的社交形象，人们会认为你是个刻薄饶舌的人而敬而远之。

（3）不给人留点余地

一些竞争性的文体活动，如下棋、乒乓球赛等，尽管只是一些娱乐性活动，但人的竞争心理总是希望成为胜利者，一些“棋迷”“球迷”就更是如此。有经验的社交者在自己取胜把握比较大的情况下，往往并不把对方搞得太惨，而是适当地给对方留点面子，让他也胜一两局。尤其在对方是老人、长辈的情况下，你若穷追不舍，让他狼狈不堪，有时还可能引起意想不到的后果，让你无法收拾。其实只要不是正式比赛，作为交流感情、增进友谊的文体活动，又何必造成不愉快的局面呢？在其他的事情上也一样。文体活动中，你固然多才多艺，但也要给别人一点儿表现自己的机会；你即使足智多谋，也不妨再征求一下别人的意见，“一言堂”“独风流”是不利于社交的。

（4）参与对方的阴谋

对方数人密谋其事，你若参与意见，发表议论代为决策，这种情况很危险。因为这么一来，你因多说几句而成了他们的心腹。

你虽然能遵守秘密，从不提此事，但若另有智者猜得此事，对方便疑是你泄密，你是无法辩白的。所以与人交谈，当涉及某些阴谋和某些隐私时，你最好装聋作哑，以走开为妙；千万不要图新鲜去打探、去参与某些阴谋；也不要去评说，免得惹祸上身。

（5）过早说深交话

在交往中，我们有时会结识新朋友。即使你对他有一定好感，但毕竟是初交，缺乏更深切的本能性了解，你不宜过早与对方讲深交、讨好的话，包括不要轻易为对方出主意。这很可能会导致“出力不讨好”，因为对方若实行你的主意，却行不通，则可能以为你在捉弄他；即使行之有效，他也不一定为几句话而感谢你。故除非是好友，否则不宜说深交的话。

善于言辞的女人说话应讲究忌口。有的女人口齿伶俐，在交际场上口若悬河、滔滔不绝。这固然是很多女人所向往的，但是，若因言行不慎而让别人下不了台，或把事情搞糟，是不礼貌的，也是不明智的。

首先，避免谈论政治、宗教等话题，因为这可能是人人立场都不同的话题。有些人虽基于礼貌并不会当场与你争论，但在心中一定十分不舒服，可能你无意中得罪了人而不自知，这自然也失去了社交的意义了。

其次，避免询问他人穿着、饰物等的价格，尤其对于女人。此等话题一出，众人都会感到坐立难安。可以对他人的打扮加以赞美，但应适可而止，不可太夸张，免得对方以为你在暗讽他。

再次，不可谈及他人之年龄，尤其是女士。这点大概大家都已知道了。但是请注意，女人也不可以问其他女人的年龄。

最后，切勿形成小圈子。社交的目的就是让大家彼此认识、彼此熟悉。若是你只和自己熟识的人交谈，或者窃窃私语，不但无法达到交友的目的，也会令人讨厌。若有这种情形发生，不妨借倒酒、上洗手间的方式脱离小团体，再伺机和其他人士交谈。

是人都难免有“逆鳞”，如果说话不当心，说不定哪句话冲撞了对方，造成不可挽回的后果还不自知。在这方面，我们大家都要向聪明女人学习，谨慎说话，把不恰当的言辞扼杀在出口之前。